작심**3**일 **10**번으로
중국어 끝내기

기초
회화

시사중국어사

왜 작심삼일인가?

세상에 계획을 안 세우거나 못 세우는 사람은 없다.

올 여름엔 다이어트를 해야지, 중국어를 꼭 마스터해야지, 올해엔 책 좀 많이 읽어야지...

이번에는 꼭 해야지! 이번만큼은 기필코 해야지! 다짐하고 또 다짐하지만 그러나 마음먹은 일을 끝까지 해내는 사람은 정작 드물다.

오죽하면 작심삼일이라는 사자성어까지 있지 않은가.

'나는 왜 3일을 넘기지 못하는 걸까' 자책도 해보지만

작심삼일이면 또 어떤가?

비록 3일 만에 끝나는 작심이라도

아예 시작도 안 하는 것보다는 훨씬 낫지 않은가?

우선 3일, 일단 시작이라도 해 보자.

> 작심 1단계 작심삼일이라도 좋다. 일단 작심하자.
>
> 작심 2단계 딱 3일만 목표에 집중하고 그 다음은 쉬자.
>
> 작심 3단계 딱 10번만 작심하자.

딱 3일씩 10번만 작심해 보자.

언젠가 포기했던 중국어 끝내기의 길이 열리도록!

중국어 강사로 일하면서, '공부한 지 몇 개월이 지났는데, 왜 말문이 트이지 않는 걸까요?'라는 질문을 많이 받습니다. 말문은 어느 날 저절로 트이지 않습니다. 그래서 말문입니다. 문은 스스로 열어야 열립니다. 특히 말문은 말을 해야 열립니다. 혹시 틀릴까 두려워 입안에서 내뱉지 못하고 있다면, 생각을 조금 바꿔 보세요. '틀리는 건 부끄러운 흑역사가 아니라, 나중을 위한 나만의 작은 역사야. 누구에게나 서툴렀던 처음이 있어'. 혹 이런 답변이 거창하기만 하고 입을 여는 데 큰 도움이 되지 못한다면, 그저 이 한마디만 기억해 주셨으면 합니다.

"말을 잘하는 사람은 말을 하는 사람입니다."

그럼 말할 용기를 장착했다고 가정하고, 그다음에는 어떤 말을 어떻게 연습해야 할까요? 제 생각부터 말씀드리자면, 일상에서 자주 쓰는 말부터 반복적으로 연습해야 한다는 것입니다. 그래서, 생활 속 상용 표현들을 모아 열 번의 작심삼일에 도전할 수 있도록 이 책을 엮었습니다.
교재 속 주인공의 스토리를 따라, 반복적으로 시간을 들이고, 입으로 소리 내어 교재 속 문장들을 직접 말해 보세요. 열 번째 작심삼일을 마치는 날 고개를 끄덕이며 공감하시리라 믿습니다.

"외국어는 재능을 들이는 자가 아니라 시간을 들이는 자가 잘합니다."

저자 배정현, 최지은

66 작은 도끼라도 연달아 치면 큰 나무를 눕힌다는 속담이 있습니다.
작심삼일도 열 번이면 중국어 입문 탈출을 넘어 중급으로 가는 문을 열 수 있습니다.
작년의 포기, 작일의 미루기와 이제 그만 작별하세요.
작정하고 같은 일을 매일 반복하는 사람은 아무도 못 이깁니다. 99

이 책의 구성과 특징

● **작심 D-1** 중국어 10문 10답

중국어 초심자가 가질 법한 중국어에 대한 10가
지 궁금증을 모두 풀어드립니다.
궁금증만 가지고 있던 나와 그 답을 모두 확인한
후의 나는 완전히 다른 나임을 느끼게 되실 거예
요! 이제 작심삼일 시작할 준비 완료!

① 기본 회화로 말해 볼까?

기본 회화지만 실제 상황처럼 생생한
주인공의 현실 대화에 귀 기울여 보세요.
작심삼일 속의 주인공이 된 듯 감정이
입 하여 소리 내 읽어 본다면 금상첨화!
기본 회화라고 무시하지 말고 연습해
주세요! 입에 붙었다면 벌써 내 실력이
랍니다!

② 팩트&패턴 체크로 공부해요!

기본 회화 속 핵심요소의 팩트만 쏙~
뽑아 학습하는 코너예요! 포인트만 짚
은 군더더기 없는 설명과 패턴에 착착
맞춘 예문으로 실용성까지 겸비!
이젠 작심삼일도 어렵지 않아요~!

③ 이럴 땐 이렇게 표현해요!

중국어 초심자인 나와 네이티브가 한끝 차이라면 믿으실까요? 상황에 맞는 적절하고도 센스 있는 표현 몇 개만 잘 익힌다면 네이티브가 별건가? 하실 거예요! 깨알 팁도 새겨 읽는 당신, 네이티브의 지름길로 직행!

④ 연습 문제로 마무리~

실력은 그냥 만들어지는 게 아닌 거, 아시지요? 열심히 학습한 내용을 마무리하기에 딱 좋은 엄선된 연습 문제까지 확실히 해줘야 진정 내 실력이 됩니다!

작심 쓰기

작심했던 3일 동안 학습한 주옥 같은 문장을 손으로 직접 써 보세요. 한 자 한 자에 집중하며 멋지고 예쁘게 한자를 쓰고, 작심삼일을 가뿐하게 극복해낸 자신에게 엄지 척! 칭찬 도장을 쾅! 찍어 주세요!

★ sisabooks.com에서 MP3 파일을 다운 받아 들을 수 있습니다.
★ 도서의 QR 코드를 찍으면 저자 직강 영상 강의와 원어민 발음을 들을 수 있습니다.
★ youtube.com/sisabooks에서 저자 직강 영상 강의를 시청할 수 있습니다.

목차

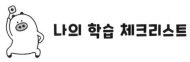

나의 학습 체크리스트

	DAY 1	DAY 2	DAY 3
★ 첫 번째 작심삼일	☐ _____ ☐ _____	☐ _____ ☐ _____	☐ _____ ☐ _____
★ 두 번째 작심삼일	☐ _____ ☐ _____	☐ _____ ☐ _____	☐ _____ ☐ _____
★ 세 번째 작심삼일	☐ _____ ☐ _____	☐ _____ ☐ _____	☐ _____ ☐ _____
★ 네 번째 작심삼일	☐ _____ ☐ _____	☐ _____ ☐ _____	☐ _____ ☐ _____
★ 다섯 번째 작심삼일	☐ _____ ☐ _____	☐ _____ ☐ _____	☐ _____ ☐ _____

예시와 같이 학습한 내용을
간단히 적어 체크리스트를 완성해 보세요.

1 / 4	✓
□ 인사	
□ 拜拜，慢走！	

	DAY 1	DAY 2	DAY 3
★ 여섯 번째 작심삼일	□ _____ □ _____	□ _____ □ _____	□ _____ □ _____
★ 일곱 번째 작심삼일	□ _____ □ _____	□ _____ □ _____	□ _____ □ _____
★ 여덟 번째 작심삼일	□ _____ □ _____	□ _____ □ _____	□ _____ □ _____
★ 아홉 번째 작심삼일	□ _____ □ _____	□ _____ □ _____	□ _____ □ _____
★ 열 번째 작심삼일	□ _____ □ _____	□ _____ □ _____	□ _____ □ _____

작심 D-1

중국어
10문 10답

Q1 왜 중국어를 '한어(汉语)', '보통화(普通话)'라고 해요?

우리에게는 '중국어'라는 표현이 익숙하지만, 중국에서는 중국어를 '한어(汉语)'라고 지칭합니다. 한어는 중국 인구의 90% 이상을 차지하는 한족(汉族)의 언어를 의미하죠. 그런데 중국에는 이 한족을 포함해 56개의 민족이 있고, 100개 이상의 방언이 있어 전국 공통의 표준어가 필요했어요. 이에 베이징을 포함한 북방 지역의 언어를 기준으로 하여 표준 중국어를 규정했는데, 이것을 '보통화(普通话)'라고 하는 것입니다.

Q2 한자가 제가 알던 그 한자가 아닌데, 제 기억의 오류인가요?

우리가 쓰는 한자와 중국의 한자는 모양이 조금씩 다른 경우가 있어요. 그 이유는 중국이 기존의 한자를 보다 간단하게 바꾸어 '간체자(简体字)'를 만들어 쓰기 때문이에요. 우리는 여전히 한자의 원래 모양 그대로 '번체자(繁體字)'를 사용하고 있고요. 처음에는 조금 낯설겠지만 '天', '地', '人' 등 번체자와 간체자가 동일한 한자도 많고, 아래와 같이 그 모양이 훨씬 간단해진 경우도 있으니 보다 쉽게 한자와 가까워질 수 있을 거예요.

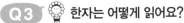

Q3 한자는 어떻게 읽어요?

한자는 의미를 포함하고 있지만 글자만 봐서는 어떻게 읽어야 할지 알 수 없는 표의문자예요. 그래서 알파벳을 이용하여 발음을 표기해 놓았는데, 이를 '한어병음'이라고 해요. 한자 '好'만 보면 어떻게 읽어야 할지 막연하지만 발음을 표기한 한어병음 [hǎo]를 보면 '하오'라고 바로 읽을 수 있어요. 그러므로 중국어를 처음 시작할 때는 먼저 한어병음과 친해지도록 해요.

그럼, 이 한어병음은 어떻게 구성되나요?

한어병음 = 성모 + 운모 + 성조

똑같지는 않지만 성모는 우리말의 자음, 운모는 우리말의 모음과 비슷하다고 생각하면 쉬워요. 또, 성조는 음의 높낮이를 의미하므로, 음을 노래하듯 같이 연습해 봐요.

 성조는 어떻게 익히면 좋을까요? 00-1

성조는 각 음절이 가진 고유의 높낮이를 말하며, 네 개의 성조와 경성이 있어요.

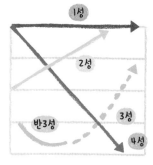

1성 높고 긴 길을 흔들리지 않게 직→ 진→
2성 완만한 오르막길을 한 번에 오르려면 2시 방향으로 ╱
3성 움푹 팬 비포장 자갈길을 빠져나오며 꿀◡～렁
4성 급경사 내리막 길을 한방에 내려가듯 압╲

경성은 본래의 성조로 읽지 않고, 짧고 가볍게 발음해요. 성조 표시는 따로 하지 않고, 앞 음절의 성조에 따라 음의 높이가 달라져요. (앞 음절이 높았다면 아래에 톡 놓고, 앞 음절이 낮았다면 위에 툭 놓아 주세요.)

Q6 성조 표기는 어떻게 해요?
성조가 그렇게 중요해요?

🎧: 00-2

성조는 주요 운모(모음– α, o, e, i, u, ü) 위에 표기해요. 운모가 두 개 이상일 경우에는 입이 더 큰 주요 운모 순으로 표기하고, 'i'와 'u'가 함께 있을 때는 뒤에 있는 운모 위에 성조를 표기해요.
('i' 위에 성조를 표기할 때에 위의 점은 생략해요. ⑩ 一起 [yìqǐ]

α	>	o	>	e	>	i	>	u	>	ü
⑩ dào		zǒu		měi		cuì		liù		lǜ

중국어는 같은 발음이라도 성조에 따라 다른 뜻이 되기 때문에 주의가 필요해요. 집게손가락으로 지휘를 하듯 허공에 성조를 그리면서 입으로 소리 내며 연습해 보세요.

腰[yāo]	摇[yáo]	咬[yǎo]	要[yào]
허리	흔들다	깨물다	원하다

汤[tāng]	糖[táng]	躺[tǎng]	烫[tàng]
국	사탕	눕다	뜨겁다

성모와 운모, 한방에 정리 가능할까요?

① 성모란 음절의 첫 부분에 오는 자음을 지칭해요. 모두 21개로, 운모를 만나 음절을 구성해요. (성모만으로는 발음을 할 수 없기 때문에 운모와 함께 발음해요.) :🎧: 00-3

윗입술과 아랫입술을 붙였다가 떼면서 발음해요.	b [뽀-어] p [포-어] m [모-어]	+ [o]
윗니와 아랫입술을 붙였다가 떼면서 발음해요.	*f [포f-어]	
혀끝을 앞니 뒤에 댔다가 떼면서 발음해요.	d [뜨어-] t [트어-] n [느어-] l [르어-]	+ [e]
목구멍 쪽에서 강하게 숨을 내보내며 발음해요.	g [끄어-] k [크어-] h [흐어-]	
혓바닥을 입천장에 붙였다가 떼면서 발음해요.	j [찌-] q [치-] x [씨-]	+ [i]**
혀끝을 윗니 뒤쪽에 붙였다가 떼면서 발음해요.	z [쯔] c [츠] s [쓰]	
혀끝을 입천장 오목한 부분에 대고 공기 반 소리 반으로 발음해요.	zh [쯔-ㄹ] ch [츠-ㄹ] sh [쓰-ㄹ] r [르-ㄹ]	

* 'f'는 영어의 'f'처럼 발음해요. four, farm, father, f + o [포어]
** 'i'는 성모 'z', 'c', 's', 'zh', 'ch', 'sh', 'r'와 만났을 때만 '으'로 소리 나요.

2 운모는 음절에서 성모를 제외한 나머지 부분을 말해요. 운모는 성모 없이 단독으로도 쓰일 수 있으며, 기본 운모 6개의 발음을 확실히 익혀 두어야 탄탄한 발음 기본기를 완성할 수 있어요. 🎧 00-4

a	ai	ao	an	ang
[아]	[아이]	[아오]	[안]	[앙]

o	ou	ong		
[오어]	[어우]	[옹]		

e[1]	ei	en	eng	(er [얼])
[으어]	[에이]	[으언]	[으엉]	

i [이]	ia[2] (ya) [이아]	ie (ye) [이에]	iao (yao) [이아오]	iou (you) [이오우]	
	ian (yan) [이엔]	iang (yang) [이앙]	iong (yong) [이옹]	in (yin) [인]	ing (ying) [잉]

u [우]	ua[3] (wa) [우아]	uo (wo) [우어]	uai (wai) [우아이]	uei (wei) [우에이]
	uan (wan) [우안]	uang (wang) [우앙]	uen (wen) [우언]	ueng (weng) [우엉]

ü [위]	üe[4] (yue) [위에]	üan (yuan) [위엔]	ün (yun) [윈]

1 'e'는 다른 운모와 결합하면 '에'로, 성모와 결합하면 '으어'로 발음해요.
　예 Běijīng 베이징, 谢谢 xièxie 씨에시에, 可乐 kělè 크어르어
2 성모와의 결합 없이 운모 'i'로 음절이 시작될 때는 'i'를 'y'로 바꾸어 표기해요.
3 성모와의 결합 없이 운모 'u'로 음절이 시작될 때는 'u'를 'w'로 바꾸어 표기해요.
4 성모와의 결합 없이 운모 'ü'로 음절이 시작될 때는 'ü'를 'yu'로 바꾸어 표기해요.

네? 표기와 실제 발음이 다른 조합도 있다고요?

운모 'uei', 'iou', 'uen'은 성모와 결합할 때 각각 'ui', 'iu', 'un'으로 표기해요.

 d + uei = duì (단, 발음은 'duei[뚜에이]'로 3개 운모 모두 소리 내야 해요.)

j + iou= jiǔ (단, 발음은 'jiou[지오우]'로 3개 운모 모두 소리 내야 해요.)

k + un = kùn (단, 발음은 'kuen[쿠우언]'으로 2개 운모 모두 소리 내야 해요.)

Q9 'u' 위에 점 두 개 있는 'ü', 저만 어려운 거 아니죠?

'ü [yu]'는 단독으로 사용될 때 '위'로 발음해요. 입 모양은 'u'로 유지하며, 소리만 '위'로 내보세요.

ü로 시작하는 운모는 성모 'n', 'l', 'j', 'q', 'x'와만 결합해요. 'nü [뉘]', 'lü [뤼]'는 어렵지 않은데, 'ü'가 'j', 'q', 'x'를 만나면 'ü'를 'u'로 표기하는 것에 주의해야 해요.

$$jü (✗) = ju (○) [쮜]$$

$$qü (✗) = qu (○) [취]$$

$$xü (✗) = xu (○) [쉬]$$

응용해 볼까요?

jue [쮜에]   que [취에]   xue [쉬에]

juan [쮜엔]   quan [취엔]   xuan [쉬엔]

'좋아해, 너를', '마신다, 커피를'과 같이 '동사+목적어'의 어순을 가지는 점
이 영어와 유사해서 많은 분들이 오해하시지만 열 번의 작심삼일을 마치
며 이 책을 끝낼 즈음 여러분은 분명 스스로 깨닫게 될 거예요. 중국어는
한국어와 유사한 부분이 훨씬 더 많다는 것을요.

한 문장을 예로 들어 볼게요. "내가 오늘은 진짜 바빠."라는 문장을 배열해
보면, 그 어순이 한국어와 몹시 유사하다는 것을 알 수 있어요.

我	今天	真	忙。
Wǒ	jīntiān	zhēn	máng
나	오늘	진짜	바쁘다.

또, [동사+목적어]의 어순이 우리말과 다르다고 걱정할 필요는 전혀 없어
요. 중국어는 동사 변형이 전혀 없고 주격조사도 없어서 생각보다 어렵지
않아요. 영어는 경우에 따라 동사의 형태가 변하지만 중국어 속 '사랑해'는
누가 누구를 사랑하든 그냥 '爱 [ài]'입니다.

我	爱	你。	나는 당신을 사랑해요.	I love you.
Wǒ	ài	nǐ.		

她	爱	我。	그녀는 저를 사랑해요.	She loves me.
Tā	ài	wǒ.		

물론, 한자와 성조가 때때로 여러분의 발목을 잡을 수도 있겠지만, 우리말
어휘 중에 한자어가 많고 그 의미가 일치하는 경우도 상당히 많아요. 어려
울 것 같다는 걱정보다는 해 볼만하다는 생각으로 시작해 보세요.

인사

谢谢你。
Xièxie nǐ.
감사합니다.

不谢, 不谢。
Búxiè, búxiè.
감사는 뭘.

3일만 하면
무림 최고가
된다는...

작심삼일

최고의
무림 비서를 전해주마.

서툴지만 따뜻한 인사를 나눠요.

반갑게 인사하고 싶은데 '니하오'는 왠지 좀 식상해 보이나요?

그렇다면 쉽고 간단한 상황별 인사를 알아보아요.

에티켓을 지키면서도 센스가 넘치는 인사표현으로 '인사 인싸'에 도전하세요!

인사하고 인싸되기

 기본 회화로 말해 볼까?

:⌒: 이-1

A 你好! 早上好!
Nǐ hǎo! Zǎoshang hǎo!
안녕! 좋은 아침이야!

★
3성(ˇ)에 속지 마세요!
3성은 변신의 고수입니다!

3성 뒤에 3성이 오면 앞의 3성을
2성(ˊ)으로 발음해요. 또 3성을 제
외한 다른 성조를 만나면, 반 3성이
되어 내리는 음만 낮게 발음해요.

B 老师, 您好!
Lǎoshī, nín hǎo!
선생님, 안녕하세요!

★★
你 nǐ라는 글자에 마음(心)을 담아
您 nín을 사용하면, 공경의 뜻을 표
현할 수 있어요.

你 nǐ 떼 너, 당신   好 hǎo 휑 좋다, 안녕하다   早上 zǎoshang 뗑 아침

您 nín 떼 당신 [你를 높여 부르는 말]   老师 lǎoshī 뗑 선생님

팩트 & 패턴 체크로 공부해요!

열일하는 그대는 **好** '하오'	好는 '좋다'라는 기본 의미 외에 '잘 지내다'의 의미도 가지고 있어요. 그래서 好만 잘 활용하면 다양한 인사 표현이 가능한데, 다음의 두 가지 방법을 활용해 보아요!

대상 + 好 ▶

你好!
Nǐ hǎo!
(상대방에게) 안녕하세요!

大家好!
Dàjiā hǎo!
여러분 안녕하세요!

老师好!
Lǎoshī hǎo!
선생님 안녕하세요!

시간 + 好 ▶

早上好!
Zǎoshang hǎo!
(아침 인사) 굿 모닝!

晚上好!
Wǎnshang hǎo!
(저녁 인사) 굿 이브닝!

新年好!
Xīnnián hǎo!
(새해 인사) 새해 복 많이 받으세요!

大家 dàjiā 때 여러분   **晚上** wǎnshang 때 저녁   **新年** xīnnián 때 새해. 신년

이럴 땐 이렇게 표현해요!

🔊 **딱 한 글자로 센스 넘치는 인사를 하고 싶을 때** - - - - - - - - - - -

A　嗨！ 안녕!
　　Hāi!

B　早！ 좋은 아침!
　　Zǎo!

영어의 캐주얼한 인사 Hi의 중국 버전
이에요.
성조를 너무 의식하지 말고, 반가운 마
음만 가득 담아 활용하세요.

🔊 **오랜만에 반가운 사람을 만났을 때** - - - - - - - - - - - - -

A　你好，你好！
　　Nǐ hǎo, nǐ hǎo!
　　안녕하세요~ 안녕하세요~!

B　好久不见！
　　Hǎojiǔ bújiàn!
　　오랜만이에요~!

你好, 你好라고 인사를 두세 번 반
복해서 말하는 것으로 반가움을 전할
수 있어요.

🔊 **비즈니스 현장에서의 공손한 첫 인사** - - - - - - - - - -

A　您好，幸会幸会！
　　Nín hǎo, xìnghuì xìnghuì!
　　안녕하십니까, 반갑습니다!

B　请多多关照！
　　Qǐng duōduō guānzhào!
　　잘 부탁 드립니다!

손윗사람이나 사회적 지위가 높은 사
람을 처음 만나는 자리에서 상대방에
대한 존경의 의미를 나타내요. 幸会
를 한 번만 써도 '만나 뵙게 되어 영
광이다'라는 표현이지만, 보통 幸会
를 두 번 반복해요.
반가움을 두 배로 표현해 보세요.

请 qǐng 图 부탁·요청에 쓰이는 경어　　关照 guānzhào 图 돌보다, 보살피다

연습 문제로 마무리~

1 대화에 알맞은 대답에 체크하고, 대화를 연습해 보세요.

① A 早上好!

   B ☐ 早!

     ☐ 幸会幸会!

② A 老师好!

   B ☐ 新年好!

     ☐ 你好!

2 알맞은 의미가 되도록 연결하고, 큰소리로 인사해 보세요.

① 여러분 안녕하세요!   •

② 반갑습니다!   •

③ 오랜만입니다!   •

④ 새해 복 많이 받으세요!   •

• 新年快乐!

• 幸会幸会!

• 大家好!

• 好久不见!

3 아래 문장을 중국어로 옮기세요.

표기 금지

☆ 한자보다 병음이 편하다면,
편한 방법으로 빈칸을 채우면 돼요~

① 여러분, 안녕하세요!

_____

② 반갑습니다!

_____

③ 잘 부탁 드립니다!

_____

新年快乐 xīnnián kuàilè 새해 복 많이 받으세요

DAY 2

감사부터 사과까지

🎧 01-4

기본 회화로 말해 볼까?

A 谢谢你。
Xièxie nǐ.
고마워요.

B 不谢, 不谢。
Búxiè, búxiè.
고맙긴요 뭘.

> 谢谢 xièxie는 단독으로 활용하여 감사를 표현할 수도 있고, 뒤에 감사의 대상을 넣어 표현해도 좋아요. 谢谢를 두 번 반복해서 말하면 감사의 마음을 두 배로 전할 수 있죠.
>
> 不谢 외에도 다양한 표현 방법이 있어요.
> 不用谢。 고마워 할것 없어요.
> Búyòng xiè.
>
> 不客气。 천만에요. 별말씀을요.
> Búkèqi.

A 对不起。 죄송해요.
Duìbuqǐ.

B 没关系。 괜찮아요.
Méi guānxi.

> 没事儿 méishi(r)이라고 말해도 '괜찮아요, 상관없어요'의 의미를 전할 수 있어요.

谢谢 xièxie 통 고맙다. 감사하다   **不** bù 튀 아니다   **对不起** duìbuqǐ 상투어 죄송하다
没关系 méi guānxi 상투어 괜찮다. 관계없다

팩트 & 패턴 체크로 공부해요!

첫 번째 장신구 인사말

사람을 대신 지칭해 주는 그대는

인칭대명사

你 nǐ와 您 nín 외에 사람의 명칭을 대신해서 가리키는 말들을 정리해 두면, 인사말은 물론 다양한 문장에 필수 요소로 활용할 수 있어요. 복수를 만드는 방법도 정말 간단하니, 지금 내 것으로 만들어 두세요.

	1인칭	2인칭	3인칭
단수	我 wǒ 나	你　　您 nǐ　　nín 너　　당신(존칭)	他　　她 tā　　tā 그　　그녀
복수	我们 wǒmen 우리 咱们 zánmen 우리	你们 nǐmen 당신들, 너희들 您们 ×	他们 tāmen 그들 她们 tāmen 그녀들

(咱们 듣는 사람을 반드시 포함)
(他们 낱자들 또는 남녀 혼녕 모두를 지링)

● 사람이 아닌 동/식물, 사물은 它 tā, 복수형은 它们 tāmen으로 활용해요.
● 한국어의 '~들'에 해당하는 복수형태를 나타내는 접미사 们 men은 사람을 가리키는 명사 뒤에만 와요.

谢谢 + 대상

谢谢你!
Xièxie nǐ!
(당신에게) 고마워요!

谢谢你们!
Xièxie nǐmen!
여러분에게 고마워요!

谢谢她!
Xièxie tā!
그녀에게 고마워요!

🔊 가볍게 미안한 마음을 전하고 싶을 때

A **不好意思!** 미안해요!
Bù hǎoyìsi!

B **没事儿!** 괜찮아요!
Méishìr!

> *****
> 가벼운 실수나 고의성 없는 행동에
> 대해 가볍게 사과할 때 활용해요.
>
> ******
> 북방사람들은 말할 때 儿 ér화음을
> 붙이는 습관이 있어요. 병음을 표기
> 할 때는 뒤에 'r'만 붙여 표기해요.

🔊 정중한 감사를 전하고 싶은 순간

A **非常感谢!**
Fēicháng gǎnxiè!
대단히 감사합니다!

B **您别客气!**
Nín bié kèqi!
(고맙긴요) 사양하지 마세요!

> *******
> 感谢 gǎnxiè는 한자 그대로 '감사'
> 의 의미예요. 谢谢가 구어에 많이
> 활용된다면, 感谢는 서면에 주로 쓰
> 이나 비즈니스 현장에서 활용하면
> 보다 공손한 느낌을 줄 수 있어요.

🔊 선생님에게 감사와 사랑을 전하고 싶은 날

A **谢谢老师! 我爱你。**
Xièxie lǎoshī! Wǒ ài nǐ.
선생님 감사합니다! 사랑해요.

B **谢谢你做我的学生。**
Xièxie nǐ zuò wǒ de xuésheng.
내 학생이 되어줘서 고마워.

> ********
> 감사와 사랑의 대상을 바꾸어 연습
> 해 보세요.
>
> 谢谢妈妈! Xièxie māma!
> 엄마 감사해요!
>
> 我爱妈妈! Wǒ ài māma!
> 엄마 사랑해요!

非常 fēicháng 🖫 대단히   **感谢** gǎnxiè 🖫 감사하다   **别** bié 🖫 ~하지 마라
客气 kèqi 🖫 사양하다   **爱** ài 🖫 사랑하다   **做** zuò 🖫 하다. 되다   **的** de 🖫 ~의
学生 xuésheng 🖫 학생

연습 문제로 마무리~

1 대화에 알맞은 대답에 체크하고, 대화를 연습해 보세요.

1 A 谢谢!

   B ☐ 不客气!

     ☐ 没关系!

2 A 对不起!

   B ☐ 不客气!

     ☐ 没关系!

2 보기 속 문장 중 뜻이 알맞은 것을 찾아 해당 상자에 넣으세요.

> **보기** 谢谢你, 谢谢, 不客气, 不谢, 不用谢, 别客气, 非常感谢

1 감사합니다.	2 별말씀을요.
谢谢你	

3 병음과 뜻을 보고 알맞은 한자를 적어 넣으세요. **포기 금지**

시간이 좀 걸려도 앞에서 배운 내용을 보며, 빈칸을 채우세요.

1 wǒ 나 _____

2 nǐ 너 _____

3 wǒmen 우리들 _____

4 nǐmen 너희들 _____

5 tā 그 _____

6 tā 그녀 _____

7 tāmen 그들 _____

8 tāmen 그녀들 _____

9 lǎoshī 선생님 _____

10 lǎoshīmen 선생님들 _____

특별하게 작별하기

 기본 회화로 말해 볼까?

🎧 01-7

A 再见!
Zàijiàn!
안녕히 계세요!

'다시 재' 再와 '볼 견' 见의 만남!
직역하면 '다시 만나요.'

B 再见，慢走!
Zàijiàn, mànzǒu!
안녕히 가세요, 살펴 가세요!

손님을 배웅하며 慢走 mànzǒu라고
말하면, 조심히 천천히 살펴가라는 예
쁜 마음을 전할 수 있답니다.

欢迎再来!
Huānyíng zài lái!
또 오세요!

중국에서는 손님을 맞이할 때 '환영하
다'라는 말을 자주 해요. 헤어질 때 다
음 방문을 미리 환영하며 상대방의 발
걸음을 가볍게 해 주세요.
직역하면, '다시 오는 것을 환영해요.'

再见 zàijiàn 상투어 안녕히 계세요(가세요), 또 만나요　　慢走 상투어 mànzǒu 살펴 가세요

欢迎 huānyíng 동 환영하다　　再 zài 부 다시　　来 lái 동 오다

팩트 & 패턴 체크로 공부해요!

첫 번째 여행코스

헤어질 때 또 만나요

见

'다시 만나자'라는 기약 없는 인사 대신 구체적이고 확실한 작별 인사를 해 볼까요?

1. '만나다'라는 뜻의 见 jiàn 앞에 시간 관련 표현만 추가해 주세요.

2. 동사 见 jiàn 뒤에 만나는 대상을 붙여 주면, 누구를 만나는지도 말할 수 있어요.

시간 + 见 ▶

明天见!
Míngtiān jiàn!
내일 만나요!

晚上见!
Wǎnshang jiàn!
저녁에 만나요!

周末见!
Zhōumò jiàn!
주말에 만나요!

见 + 만나는 대상 ▶

我见老师。
Wǒ jiàn lǎoshī.
저는 선생님을 만나요.

我见朋友。
Wǒ jiàn péngyou.
저는 친구를 만나요.

我见朋友们。
Wǒ jiàn péngyǒumen.
저는 친구들을 만나요.

明天 míngtiān 📙 내일   周末 zhōumò 📙 주말   老师 lǎoshī 📙 선생님
朋友 péngyou 📙 친구   朋友们 péngyǒumen 📙 친구들

이럴 땐 이렇게 표현해요!

🔊 **자주 만나는 친구, 동료와 가볍게 인사할 때**

A 拜拜! 잘 가!
　 Bàibài!

★
성조를 너무 의식하지
말고, 아쉬운 마음을 담
아 영어 Bye-bye의 느
낌으로 인사해 주세요.

B 拜拜，慢走! 잘 가! 살펴 가!
　 Bàibài, mànzǒu!

🔊 **상대방보다 먼저 떠날 때**

A 我先走了。 저 먼저 가 볼게요.
　 Wǒ xiān zǒu le.

★★
이 문장에서의 了 le는
변화를 표현해 줘요.
직역하면 '가야 할 때가
됐어.'

B 下次见。 다음 번에 봬요.
　 Xiàcì jiàn.

🔊 **먼 길을 떠나는 사람에게**

A 保重!
　 Bǎozhòng!
　 건강하세요!

★★★
오랫동안 만나지 못하는
경우에 전하는 작별인사
예요. 자주 만나는 친구
에게 사용하면 서로 어
색해질 수 있으니 주의!

B 我们后会有期!
　 Wǒmen hòuhuìyǒuqī!
　 우리 훗날을 기약합시다!

拜拜 bàibài 감탄 bye-bye　先 xiān 부 먼저　走 zǒu 동 가다. 떠나다. 걷다
下次 xiàcì 명 다음 번　保重 bǎozhòng 동 건강에 주의하다
后会有期 hòuhuìyǒuqī 성어 훗날을 기약합시다

정답 184쪽

연습 문제로 마무리~

1 대화에 알맞은 대답에 체크하고, 대화를 연습해 보세요.

1 A 再见!

　　B ☐ 没关系!

　　　☐ 慢走!

2 A 我先走了!

　　B ☐ 下次见!

　　　☐ 新年好!

2 알맞은 의미가 되도록 연결하고, 큰소리로 인사해 보세요.

1 건강에 유의하세요! •　　　　• 拜拜!

2 또 오세요! •　　　　• 明天见!

3 내일 만나요! •　　　　• 保重!

4 잘 가! •　　　　• 欢迎再来!

3 아래 문장을 중국어로 옮기세요.

한자보다 병음이 편하다면,
편한 방법으로 빈칸을 채우면 돼요~

포기 금지

1 친구들아, 우리 다음 번에 만나.

_____

2 건강에 유의하세요!

_____

3 안녕히 가세요, 살펴 가세요!

_____

첫 번째 작심삼일을 끝낸 당신!
잠시 쉬며 문장을 예쁘게 써 보자!

好久不见! 오랜만이에요~!

好久不见! 　　好久不见!

非常感谢! 대단히 감사합니다!

非常感谢! 　　非常感谢!

拜拜，慢走! 잘 가! 살펴 가!

拜拜，慢走! 　　拜拜，慢走!

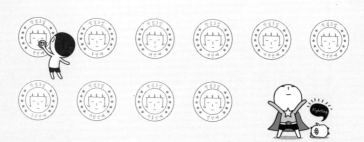

아들아~
너는 계획이
다 있구나!

아버지,
저는 3일만
공부할 거예요!

두 번째 **작심삼일**

소개

你好, 你是金先生吗?
Nǐ hǎo, nǐ shì Jīn xiānsheng ma?
안녕하세요! 김 선생님이세요?

是的, 我是金太平。
Shì de, wǒ shì Jīn Tàipíng.
네, 김태평입니다.

중국어가 초급이지, 내 인생도 초급이냐!
충분히 멋진 그대. 용감하고 당당하게 자신을 소개해 봐요.
고개 들고, 어깨 펴고, 표정 풀고, 본격 자기 PR에 시동을
걸어 봅시다!

아름다운 나의이름

 기본 회화로 말해 볼까?

:🎧: 02-1

A 你好，你是金先生吗?
Nǐ hǎo, nǐ shì Jīn xiānsheng ma?
안녕하세요, 김 선생님이세요?

> ★
> 성인 남자에 대한 존칭이에요.
> 영어의 '미스터'의 의미로 주로
> 성씨 뒤에 붙여 사용하죠.
> 한자이 '선생'이라고 해서 '선
> 생님'의 의미는 아니랍니다~

B 是的，我是金太平。
Shì de, wǒ shì Jīn Tàipíng.
네, 김태평입니다.

您是……?
Nín shì……?
당신은 ……?

> ★★
> **긍정의 응답이에요.**
> 是 shì를 단독으로 활용하면
> 'Yes'의 의미이고, 是的 shì de
> 는 보다 경쾌한 어감의 대답이
> 에요~ 우리말 '네!'와 '네에~'
> 정도의 차이라고 보면 돼요!

A 我是王怡。
Wǒ shì Wáng Yí.
전 왕이예요.

是 shì 통 ~이다. 맞다   金 Jīn 명 김 씨(姓)   先生 xiānsheng 명 ~선생. ~씨
吗 ma 조 문장 끝에 사용하여 의문의 어기를 표현   王 Wáng 명 왕 씨(姓)

팩트 & 패턴 체크로 공부해요!

판단하는 그대는 옳아

是

'A는 B이다'라는 뜻으로 'A=B'의 공식이 성립하는 경우에 사용하는 문장이에요. '是 shì'를 알아 두면 '판단'이나 '인정'을 표현할 수 있어요. 단독으로 사용하면 긍정의 답변도 가능하죠.

긍정문 | A + 是 + B | A는 B이다.

我们是朋友。
Wǒmen shì péngyou.
우리는 친구예요.

你是好人。
Nǐ shì hǎorén.
당신은 좋은 사람이에요.

> 不 는 넘늘 부다예요.
> 단독으로 사용할 땐 不 bù / 뒷음절이 4성일 땐 不 bú

부정문 | A + 不是 + B | A는 B가 아니다.

是 앞에 不 bù를 붙여 '~이 아니다'

我不是中国人。
Wǒ búshì Zhōngguórén.
나는 중국인이 아니에요.

他不是学生。
Tā búshì xuésheng.
그는 학생이 아니에요.

의문문 | 평서문 + 吗? | A는 B입니까?

문장 끝에 吗를 붙여 '~입니까?', '~습니까?', '~합니까?'

A 你是韩国人吗?
Nǐ shì Hánguórén ma?
당신은 한국인이에요?

B 是，我是韩国人。
Shì, Wǒ shì Hánguórén.
네, 저는 한국인이에요.

朋友 péngyou 명 친구　　好人 hǎorén 명 좋은 사람　　中国人 Zhōngguórén 명 중국인
学生 xuésheng 명 학생　　韩国人 Hánguórén 명 한국인

이럴 땐 이렇게 표현해요!

🔊 **남들 다 쓰는 이름 묻기 기본 표현**

A 你叫什么名字? 이름이 뭐예요?
Nǐ jiào shénme míngzi?

什么 shénme는 '무엇', '무슨'의
의미로 什么 자체가 의문문을 만
들기 때문에 문장 끝에 吗 ma를
붙이지 않아요!

B 我叫金太平。 저는 김태평이에요.
Wǒ jiào Jīn Tàipíng.

🔊 **비즈니스 현장이라면**

A 您贵姓? 존함이 어떻게 되세요?
Nín guì xìng?

예의와 격식을 갖춘 표현이에요.
(您님의 貴귀한 姓성씨는…?)

B 我姓王，我叫王怡。
Wǒ xìng Wáng, wǒ jiào Wáng Yí.
저는 성이 왕이고, 이름은 왕이예요.

🔊 **다양한 이름의 세계**

A 这是英文名字吗?
Zhè shì Yīngwén míngzi ma?
이게 영문 이름이에요?

英文名字 Yīngwén míngzi 영문 이름
中文名字 Zhōngwén míngzi 중문 이름
韩文名字 Hánwén míngzi 한글 이름

B 不是，这是网名。
Búshì, zhè shì wǎngmíng.
아니오, 이건 (인터넷상의) 닉네임이에요.

叫 jiào 통 ~라 부르다   什么 shénme 때 무엇, 무슨   名字 míngzi 명 이름
贵 guì 형 귀하다, 비싸다   姓 xìng 명 성(씨) 통 성이 ~이다   这 zhè 때 이, 이것
英文 Yīngwén 명 영문   网名 wǎngmíng 명 (인터넷상에서의) 닉네임

연습 문제로 마무리~

1 다음 밑줄 친 부분을 보기의 단어로 바꿔 국적을 묻고 답해 보세요.

(국가 + 人 rén 국적)

A 你是**韩国**人吗?　　당신은 한국 사람이에요?
　Nǐ shì Hánguórén ma?

B 是，我是**韩国**人。　네, 저는 한국 사람이에요.
　Shì, wǒ shì Hánguórén.

美国 Měiguó 미국	日本 Rìběn 일본	俄罗斯 Éluósī 러시아
英国 Yīngguó 영국	意大利 Yìdàlì 이탈리아	德国 Déguó 독일
新加坡 Xīnjiāpō 싱가포르	法国 Fǎguó 프랑스	印度 Yìndù 인도

2 대화가 되도록 연결하고, 큰소리로 말해 보세요.

❶ 你是学生吗?　　　　　•　　　　　•　是的。

❷ 她叫什么名字?　　　•　　　　　•　我姓王。

❸ 您贵姓?　　　　　　•　　　　　•　她叫王怡。

3 나의 중국어 이름을 알아보고, 간단한
자기소개를 해 보세요.

中文名字는 인터넷
중국어 사전을 통해
알아볼 수 있어요.

포기 금지

❶ 안녕하세요!

❷ 저는 ***입니다.

❸ 저는 한국인이에요.

DAY 2 무엇일까 너의직업

 기본 회화로 말해 볼까?

🎧 02-4

A 你做什么工作?
Nǐ zuò shénme gōngzuò?
무슨 일 하세요?

> 다량의 뜻을 보유한 동사 做 zuò!
> '~하다', '만들다', '~가 되다' 등
> 짝꿍 명사에 따라 의미가 달라져요.

B 我现在是待业青年。
Wǒ xiànzài shì dàiyè qīngnián.
전 지금 취준생이에요.

> 우리말 '취업준비생'에 해당하는
> 표현으로, '백조', '백수'를 의미하
> 기도 해요.

할 수 있어 !!!

做 zuò 图 하다. 만들다   什么 shénme 떼 무엇, 무슨

工作 gōngzuò 명 직업, 일 图 일하다   现在 xiànzài 명 현재, 지금

待业 dàiyè 图 취직을 기다리다   青年 qīngnián 명 청년

팩트 & 패턴 체크로 공부해요!

무엇이든 물어보세요

什么

우리말에 '무엇', '무슨', '뭐', '뭐라고?' 등의 뜻을 모두 담당하는 의문대사예요. 문장 속에서 무엇인지 알고 싶은 자리를 什么로 바꿔 주면 돼요.

---

1 **무엇** 什么

你吃什么?
Nǐ chī shénme?
당신은 무엇을 먹어요?

他喝什么?
Tā hē shénme?
그는 무엇을 마셔요?

她看什么?
Tā kàn shénme?
그녀는 무엇을 보나요?

---

2 **무슨** 什么

什么菜
shénme cài
무슨 음식

什么咖啡
shénme kāfēi
무슨 커피

什么书
shénme shū
무슨 책

A **你现在看什么书?** 당신은 지금 무슨 책을 보나요?
Nǐ xiànzài kàn shénme shū?

B **我看中文书。** 나는 중국어 책을 봐요.
Wǒ kàn Zhōngwén shū.

吃 chī 통 먹다　　喝 hē 통 마시다　　看 kàn 통 보다　　菜 cài 명 요리. 반찬. 채소

咖啡 kāfēi 명 커피　　中文 Zhōngwén 명 중국어　　书 shū 명 책

이럴 땐 이렇게 표현해요!

: 02-6

🔊 **什么를 활용한 기본적인 질문을 하고 싶을 때** ----------

A 这是什么? 이거 뭐야?
Zhè shì shénme?

B 什么[★] 뭐?
Shénme?

★
단독으로 사용하면, '뭐?',
'뭐요?', '뭐라고요?'의 어감을
전할 수 있어요.

🔊 **상대방의 직업을 확인할 때** ----------

A 你是老师吗?
Nǐ shì lǎoshī ma?
당신은 선생님인가요?

B 不是，我是银行职员。
Búshì, wǒ shì yínháng zhíyuán.
아니오, 저는 은행 직원이에요.

★★
2성 완전 정복!!
위로 쭉쭉 올려 주세요〜
인〆항〆즐〆위엔〆

🔊 **일하고 있는지 물어볼 때** ----------

A 你现在工作吗?
Nǐ xiànzài gōngzuò ma?
지금 일해요?

B 我现在不工作。(我是学生。)
Wǒ xiànzài bù gōngzuò. (Wǒ shì xuésheng.)
지금 일 안 해요. (전 학생이에요.)

★★★
이 질문에는 두 가지 의미가
있어요.
① 회사 다녀요?
　(돈벌이를 하고 있어요?)
② 지금 일하는 중이에요?
　(바빠요?)
우리말과 똑같으니, 어감을
잘 파악해 보세요〜

这 zhè 때 이. 이것　　**银行** yínháng 명 은행　　**职员** zhíyuán 명 직원

연습 문제로 마무리~

1 다음 밑줄 친 부분을 보기의 단어로 바꿔 직업을 묻고 답해 보세요.

A 你做什么工作? 무슨 일 하세요?
Nǐ zuò shénme gōngzuò?

B 我是<u>老师</u>。 저는 선생님이에요.
Wǒ shì lǎoshī.

咖啡师 kāfēishī 바리스타	厨师 chúshī 셰프
大夫 dàifu 의사	公司职员 gōngsī zhíyuán 회사원
家庭主妇 jiātíng zhǔfù 가정주부	设计师 shèjìshī 디자이너
导游 dǎoyóu 가이드	服务员 fúwùyuán 종업원

2 알맞은 의미가 되도록 연결하고, 큰소리로 말해 보세요.

1 당신 지금 일하세요? •   • 你做什么工作?

2 무슨 일을 하세요? •   • 你现在做什么?

3 지금 뭐 하세요? •   • 你现在工作吗?

3 직업까지 추가해 자기소개를 업그레이드 해 보세요.

인터넷 중국어 사전으로 자신의 직업을 어떻게 표현하는지 알아보세요.
포기 금지

1 안녕하세요!

_____

2 저는 ***입니다. [이름]

_____

3 저는 ***입니다. [직업]

_____

내가가진 너란존재

🎧 02-7

기본 회화로 말해 볼까?

A 你有没有女朋友？
Nǐ yǒu méiyǒu nǚpéngyou?
여자친구 있어요?

B 我没有女朋友。你呢？
Wǒ méiyǒu nǚpéngyou. Nǐ ne?
여자친구 없어요, 당신은요?

A 我也没有。
Wǒ yě méiyǒu.
저도 없어요.

★
有 yǒu의 부정형은 没有 méiyǒu 예요. 이 문장은 你有女朋友吗? 로 바꾸어 말할 수 있어요.

★★
명사나 대명사 뒤에 붙이면 초간단 질문으로 변신! 우리말 '~는?', '~는요?'의 뜻이에요.

수수께끼 TIME!

你没有他有，天没有地有。
Nǐ méiyǒu tā yǒu, tiān méiyǒu dì yǒu.

넌 없고 그는 있고, 하늘은 없고 땅은 있는 것.

정답은? 也

有 yǒu 됨 있다, 가지고 있다　　没有 méiyǒu 됨 없다, 가지고 있지 않다
女朋友 nǚpéngyou 뗑 여자친구　　呢 ne 좀 ~는? ~는요? [의문의 어기]
也 yě 틘 ~도

꼭 갖고 싶어

有 '요우'

가지고 있는 것이 무엇인지 표현할 때는 有 yǒu를 활용해요. 있으면 有, 없으면 没有 méiyǒu!

| 긍정문 | 주어 + 有 + 목적어 ～이 있다 |

他有哥哥。
Tā yǒu gēge.
그는 형이 있어요.

我有男朋友。
Wǒ yǒu nánpéngyou.
나는 남자친구가 있어요.

| 부정문 | 주어 + 没有 + 목적어 ～이 없다 |

有 앞에 没 méi를 붙여서 '없다', '가지고 있지 않다'

我没有姐姐。
Wǒ méiyǒu jiějie.
전 언니(누나)가 없어요.

弟弟没有钱。
Dìdi méiyǒu qián.
남동생은 돈이 없어요.

| 정반의문문 | 주어 + 有没有 + 목적어 |

긍정과 부정을 나열하면 '있니 없니?' 형태의 의문문이 완성되므로 吗를 붙이지 않아요!

A 你有没有中国朋友?
Nǐ yǒu méiyǒu Zhōngguó péngyou?
당신 중국 친구 있어요?

B 没有。
Méiyǒu.
없어요.

哥哥 gēge 명 오빠, 형   男朋友 nánpéngyou 명 남자친구   姐姐 jiějie 명 언니, 누나
弟弟 dìdi 명 남동생   钱 qián 명 돈

이럴 땐 이렇게 표현해요!

🔊 **형제관계가 궁금할 때** -

A 你有兄弟姐妹吗? 형제자매가 어떻게 되세요? (형제자매가 있어요?)
Nǐ yǒu xiōngdìjiěmèi ma?

B 我有妹妹。 전 여동생이 있어요.
Wǒ yǒu mèimei.

🔊 **자녀가 있는지 궁금할 때** -

A 你有儿子女儿吗? 아들, 딸이 있나요?
Nǐ yǒu érzi nǚ'ér ma?

B 什么? 我是单身! 뭐라고요? 저는 솔로라고요!
Shénme? Wǒ shì dānshēn!

A 对不起。 죄송해요.
Duìbuqǐ.

🔊 **집안 서열이 궁금할 때** -

A 你是老大吗? 당신은 맏이입니까?
Nǐ shì lǎodà ma?

B 不是, 我是老幺。 아니요. 막내예요.
Búshì, wǒ shì lǎoyāo.

> *집안에 첫째를 老大 lǎodà라
> 고 해요. 둘째부터는 老 뒤에
> 숫자를 붙여 줘요.
> 老二 lǎo'èr 둘째
> 老三 lǎosān 셋 째

兄弟 xiōngdì 몡형제   姐妹 jiěmèi 몡자매   妹妹 mèimei 몡여동생
儿子 érzi 몡아들   女儿 nǚ'ér 몡딸   单身 dānshēn 몡솔로   老大 lǎodà 몡첫째
老幺 lǎoyāo 몡막내

정답 184쪽

연습 문제로 마무리~

1 다음 밑줄 친 부분을 보기의 단어로 바꿔 가족구성원의 직업을 묻고 답해 보세요.

你爸爸做什么工作?　아버지는 무슨 일을 하세요?
Nǐ bàba zuò shénme gōngzuò?

爷爷 yéye 할아버지	奶奶 nǎinai 할머니	爸爸 bàba 아빠
妈妈 māma 엄마	哥哥 gēge 형, 오빠	弟弟 dìdi 남동생
姐姐 jiějie 언니, 누나	妹妹 mèimei 여동생	丈夫 zhàngfu 남편
妻子 qīzi 아내	儿子 érzi 아들	女儿 nǚ'ér 딸

2 알맞은 의미가 되도록 연결하고, 큰소리로 말해 보세요.

1 여자친구 있어요? •　　　• 你有没有女朋友?

2 당신은요? •　　　• 我也没有。

3 저도 없어요. •　　　• 你呢?

3 아래 문장을 중국어로 옮기세요.

자신의 상황에 맞게
빈칸을 채우면 더 좋습니다.

표기 금지

1 당신은 남자(여자)친구가 있나요?

_____

2 저는 남자(여자)친구가 없어요.

_____

3 전 솔로예요.

_____

DAY 3 · 내가가진 너란존재　**47**

두 번째 작심삼일을 끝낸 당신!
잠시 쉬며 문장을 예쁘게 써 보자!

我是金太平。 저는 김태평입니다.

我是金太平。　　我是金太平。

我是学生。 전 학생이에요.

我是学生。　　我是学生。

我是単身! 저는 솔로라고요!

我是単身!　　我是単身!

쓸데없는 짓
하지 말고
이거 3일만 해봐!!

세 번째 **작심삼일**

일상

这是S公司的手机。
Zhè shì S gōngsī de shǒujī.
이건 S사의 휴대폰이지.

哇~ 这是贵的手机!
Wā~ zhè shì guì de shǒujī!
와~ 이거 비싼 휴대폰이네!

간단한 일상은 중국어로 표현해요!

중국어 책만 수어 권, 다시 시작하는 것도 지겨운 중국어.
이것저것 좋다는 건 다 해 봤는데, 왜 제자리일까?
배워만 놓고 써먹지 않으니 입이 떨어지지 않을 수밖에요!
그러니 매일 사용하는 간단한 일상표현부터 지금 바로
시작해 보아요!

물어본다 너의 일상

🎧 : 03-1

기본 회화로 말해 볼까?

A 你现在做什么呢?

Nǐ xiànzài zuò shénme ne?

너 지금 뭐 해?

呢의 또 다른 뜻!
문장 끝에 呢를 붙이면 동작이
진행되고 있음을 나타낼 수 있
어요!

B 我休息呢。你呢?

Wǒ xiūxi ne. Nǐ ne?

난 쉬는데. 너는?

중국어에서 동사가 목적어를
갖게 되면 우리말과 어순이 달
라져요!

나는 / 사랑해 / 너를
→ 我爱你 wǒ ài nǐ

A 我学习汉语呢!

Wǒ xuéxí Hànyǔ ne!

난 중국어 공부하지!

나는 / 본다 / 책을
→ 我看书 wǒ kàn shū

你 现在

现在 xiànzài 📖 현재. 지금　　**做** zuò 🔵 하다. 만들다　　**呢** ne 🔺 문장 끝에서 동작·상태가
계속됨을 나타냄　　**休息** xiūxi 🔵 쉬다. 휴식하다　　**学习** xuéxí 🔵 학습하다. 공부하다
汉语 Hànyǔ 📖 중국어

팩트 & 패턴 체크로 공부해요!

주어는 동사한다
동사술어문

문장 속 주어가 어떤 동작을 하는지 이야기할 수 있어요.
동사술어문은 [주어+술어(동사)+목적어]의 어순이에요.
부정문은 동사 앞 不 bù에게 맡겨 주세요.

| 기본형 / 부정형 | 주어 + 술어(동사) + 목적어 |

我听。
Wǒ tīng.
나는 들어요.

我不听。
Wǒ bù tīng.
나는 듣지 않아요.

他学汉语。
Tā xué Hànyǔ.
그는 중국어를 배워요.

他不学汉语。
Tā bù xué Hànyǔ.
그는 중국어를 배우지 않아요.

의문문의 네 종류

吗를 활용하는 일반의문문

1 你学汉语吗?
Nǐ xué Hànyǔ ma?
당신은 중국어를 배워요?

의문대나를 활용하는 특수의문문

2 你学什么?
Nǐ xué shénme?
당신은 무엇을 배워요?

긍정·부정을 나열하는 정반의문문

3 你学不学汉语?
Nǐ xué bu xué Hànyǔ?
당신은 중국어를 배워요 안 배워요?

呢를 활용하는 생략의문문

4 我学汉语, 你呢?
Wǒ xué Hànyǔ, nǐ ne?
전 중국어 배워요, 당신은요?

听 tīng 🟩 듣다　　学 xué 🟩 배우다

이럴 땐 이렇게 표현해요!

🔊: 03-3

심리동사 喜欢 xǐhuan을 활용한 고백

A 我喜欢你。
Wǒ xǐhuan nǐ.
나 너 좋아해.

영어의 like에 해당하는 표현으로, 아래 패턴을
응용하여 다양하게 사용할 수 있어요.
我喜欢咖啡。 전 커피를 좋아해요.
Wǒ xǐhuan kāfēi.

B 我不喜欢你!
Wǒ bù xǐhuan nǐ!
난 너 안 좋아하거든!

我喜欢喝咖啡。 전 커피 마시는 것을 좋아해요.
Wǒ xǐhuan hē kāfēi.

상용동사 吃 chī를 활용한 일상 표현

A 我们吃什么? 우리 뭐 먹지?
Wǒmen chī shénme?

B 吃肉! 我喜欢吃肉! 고기! 나 고기 먹는 거 좋아해!
Chī ròu! Wǒ xǐhuan chī ròu!

필수동사 做 zuò를 활용한 일상 표현

A 你做什么作业? 너 무슨 숙제 해?
Nǐ zuò shénme zuòyè?

B 我做汉语作业。 난 중국어 숙제 해.
Wǒ zuò Hànyǔ zuòyè.

喜欢 xǐhuan 툉 좋아하다   肉 ròu 몡 고기   作业 zuòyè 몡 숙제, 과제

연습 문제로 마무리~

1 어울리는 단어끼리 연결하고, 직접 써 본 후 큰소리로 말해 보세요.

1 学 •   • 书   _____

2 做 •   • 汉语   _____

3 看 •   • 作业   _____

2 문장과 어울리는 동사를 골라 체크하세요.

1 他们（吃 / 喝）咖啡。   그들은 커피를 마셔요.

2 我现在（听 / 看）书呢。   나는 지금 책을 봐요.

3 她（喜欢 / 说）学汉语。   그녀는 중국어를 배우는 것을 좋아해요.

3 다음 작문에 도전하세요.

> 벌써 동작 묘사가 가능한
> 스스로를 칭찬해 주세요.
>
> 잠깐!

1 아빠는 책을 봐요.

_____

2 엄마는 쉬어요.

_____

3 누나는 중국어를 공부해요.

_____

4 저는 숙제를 하지 않아요.

_____

알고싶다 네것내것

: 🎧 03-4

기본 회화로 말해 볼까?

A 这是你的手机吗?
Zhè shì nǐ de shǒujī ma?
이거 네 휴대폰이야?

> *
> 的 de는 우리말 '~의', '~한'의 의미로 단어와 단어를 이어주는 다리 역할을 해요.

B 是，这是我的。
Shì, zhè shì wǒ de.
맞아, 이거 내 거야.

> **
> 的 뒤의 명사를 생략하기도 하는데, 이때의 的는 '~의 것'으로 해석돼요.

这是S公司的手机。
Zhè shì S gōngsī de shǒujī.
이건 S사의 휴대폰이지.

A 哇~ 这是贵的手机!
Wā~ zhè shì guì de shǒujī!
와~ 이거 비싼 휴대폰이네!

> ***
> 형용사 뒤의 的는 수식의 역할을 해요.
> 好的手机 hǎo de shǒujī 좋은 휴대폰
> 新的手机 xīn de shǒujī 새로운 휴대폰

的 de 조 ~의, ~의 것, ~한　　**手机** shǒujī 명 휴대폰　　**公司** gōngsī 명 회사
哇 wā 감 와, 우와　　**贵** guì 형 비싼, 귀한
新 xīn 형 새롭다, 새로운　　**好吃** hǎochī 형 맛있다, 맛있는

> 년 내가 찜 했
>
> **的** '더'
>
> 단어와 단어 사이의 중개자 역할을 하는 的 de는 명사나 대명사를 수식하여, 소유나 소속 등을 표현해요.
> 쓰임에 따라 아래와 같이 센스 있는 해석을 곁들여 주세요.

명사 / 대명사 + **的** (**명사**) ~의 것, ~의

老师的
lǎoshī de
선생님의 것

老师的名字
lǎoshī de míngzi
선생님의 이름

我的
wǒ de
나의 것

我的男朋友
wǒ de nánpéngyou
나의 남자친구

형용사 + **的** (**명사**) ~한 것, ~ㄴ /~한

新的
xīn de
새로운 것

新的书
xīn de shū
새로운 책

好吃的
hǎochī de
맛있는 것

好吃的菜
hǎochī de cài
맛있는 음식

동사 + **的** (**명사**) ~한 것, ~ㄴ /~한

喝的
hē de
마시는 것, 마신 것

这是我喝的咖啡。
Zhè shì wǒ hē de kāfēi.
이게 내가 마시는(마신) 커피야.

喜欢的
xǐhuan de
좋아하는 것

你是我喜欢的人。
Nǐ shì wǒ xǐhuan de rén.
넌 내가 좋아하는 사람이야.

🔊 **온 힘을 코끝에 모으고 的를 활용하던 그때 (동사 做 + 的)**

A 亲爱的[*]～～ 这是你做的吗?

Qīn'ài de～～ zhè shì nǐ zuò de ma?

자기~~ 이고 자기가 만든 고야?

> * 다정한 사이에 쓰는 호칭이
> 에요. 단, 的 뒤를 채우면 '친
> 애하는'의 의미가 됩니다.
> 亲爱的老师 친애하는 스승님
> qīn'ài de lǎoshī

B 是的, 我做的。

Shì de, wǒ zuò de.

응, 내가 한 고야.

🔊 **자꾸만 확인하고 싶어서 的를 활용하던 그때 (대명사/명사 + 的)**

A 我是你的什么?   나는 당신의 뭐다?

Wǒ shì nǐ de shénme?

B 你是我的爱。   당신은 나의 사랑이지~

Nǐ shì wǒ de ài.

🔊 **이제야 마음에 드는 的의 활용법 (형용사 + 的)**

A 你是不好的男朋友!   넌 나쁜 남자친구야!

Nǐ shì bù hǎo de nánpéngyou!

B 你说什么?   뭐라고?

Nǐ shuō shénme?

亲爱的 qīn'ài de 호칭 자기, 여보   爱 ài 명 사랑 동 사랑하다   说 shuō 동 말하다

연습 문제로 마무리~

🚩 문장을 쭉쭉 늘리며, 중국어 실력을 쑥쑥 키워 보세요.

LV1. 탄탄한 기본기

1 먹는다.

2 나는 먹는다.

3 당신은 먹는다.

4 지금 나는 먹는다.

LV2. 의문문 마스터

1 당신은 무엇을 먹는가?

2 당신은 고기를 먹는가?

3 나는 고기를 먹는다. 당신은?

4 당신은 고기를 좋아하는가?

LV3. 的 신흥강자

1 이것은 나의 고기다.

2 이것은 비싼 고기다.

3 이것은 내가 먹는 고기다.

4 이것은 내가 좋아하는 고기다.

궁금하다 그의정체

기본 회화로 말해 볼까?

🎧 03-7

A 老师，这位是谁?

Lǎoshī, zhè wèi shì shéi?

선생님, 이 분은 누구세요?

男朋友? 哥哥?

Nánpéngyou? Gēge?

남자친구? 오빠?

B 他是我爱人。

Tā shì wǒ àiren.

제 남편이에요.

A 您好，您好!

Nín hǎo, nín hǎo!

안녕하세요, 안녕하세요!

我是王老师的学生。

Wǒ shì Wáng lǎoshī de xuésheng.

저는 왕 선생님 제자예요.

谁 shéi는 '누구', '누가'의 의미로 谁 자체가 의문문을 만들기 때문에 문장 끝에 吗 ma를 붙이지 않아요!

문장 끝 어기를 조절하면, 보통의 단어만으로 의문문을 만들 수 있어요. 성조를 너무 의식하지 말고, 질문 하듯 말해 보세요.

가족, 소속, 친척, 친구 등을 수식할 때는 的를 생략할 수 있어요.

我们公司 wǒmen gōngsī 우리 회사

我妈妈 wǒ māma 저희 엄마

位 wèi 📏 분   谁 shéi 🈲 누구, 누가   爱人 àiren 📛 남편 또는 아내, 배우자

당신은 누구십니까,
대체 누구

谁 '쉐이'?

谁 shéi는 영어 who에 해당하는 표현으로, '누구', '누가'의 의미를 가진 의문대사예요. 다양한 문장에서 중요한 역할을 수행해요.

---

1 │ 누가 谁

谁喜欢你?
Shéi xǐhuan nǐ?
누가 당신을 좋아해요?

谁见老师?
Shéi jiàn lǎoshī?
누가 선생님을 만나요?

---

2 │ 누구를 谁

你喜欢谁?
Nǐ xǐhuan shéi?
당신은 누구를 좋아해요?

老师见谁?
Lǎoshī jiàn shéi?
선생님은 누구를 만나요?

---

3 │ 누구의 谁的

Ⓐ 这是谁的书?
Zhè shì shéi de shū?
이거 누구의 책이에요?

Ⓑ 这是我的书。
Zhè shì wǒ de shū.
이거 제 책이에요.

Ⓐ 他看谁的书?
Tā kàn shéi de shū?
그는 누구의 책을 봐요?

Ⓑ 他看我的书。
Tā kàn wǒ de shū.
그는 제 책을 봐요.

이럴 땐 이렇게 표현해요!

🔊 **딸바보 아빠와 애교만점 딸의 대화** - - - - - - - - - - - - - - - - - - -

A 你是谁的女儿? 누구 딸?
Nǐ shì shéi de nǚ'ér?

B 我是爸爸的女儿。 아빠 딸~
Wǒ shì bàba de nǚ'ér.

★ 격음부호는 'a', 'o', 'e'로 시작하는 음절을 구분해 줘요.
[xian] 시엔 / [xi'an] 시안

🔊 **리액션 부자들의 대화** - - - - - - - - - - - - - - - - - - -

A 他真可爱! 쟤 정말 귀여워!
Tā zhēn kě'ài!

B 谁说不是呢! 누가 아니래!
Shéi shuō búshì ne!

★★ 백 번 천 번 맞는 말! 무릎을 탁 치며, '谁说' '누가 말했나', '不是' '아니라고'!

🔊 **개학 후 캠퍼스에서의 대화** - - - - - - - - - - - - - - - - - - -

A 这是谁呀? 이게 누구야?
Zhè shì shéi ya?

B 是我，好久不见! 나야, 오랜만이네!
Shì wǒ, hǎojiǔ bújiàn!

真 zhēn 🔡 진짜, 정말　可爱 kě'ài 🔡 귀엽다, 귀여운
呀 ya 🔡 문장 끝에서 놀라움 등을 나타냄

연습 문제로 마무리~

1 다음 밑줄 친 부분을 보기의 단어로 바꿔 대화하며 다양한 단어를 익히세요.

A 这是谁的<u>手机</u>? 이것은 누구의 휴대폰이에요?
　　Zhè shì shéi de shǒujī?

B 这是<u>我</u>的。 이것은 제 것이에요.
　　Zhè shì wǒ de.

钱包 qiánbāo 지갑　　　电脑 diànnǎo 컴퓨터　　　笔 bǐ 펜
笔记本 bǐjìběn 노트　　　笔记本电脑 bǐjìběn diànnǎo 노트북컴퓨터

2 대화가 완성되도록 연결하고, 큰소리로 묻고 답해 보세요.

1 他是谁?　　　　●　　　　　　●　我是爸爸的女儿。

2 这是什么?　　　●　　　　　　●　这是汉语书。

3 你是谁的女儿?　●　　　　　　●　他是我爸爸。

3 아래 문답을 완성해 보세요.

포기 금지

☆ Day2~3을 꼼꼼히 공부했다면 이제 각문은 문제 없어요!

1 **Q** 그녀는 누구예요?

　A 그녀는 제 엄마예요.

2 **Q** 엄마가 만든 요리는 맛있나요?

　A 엄마가 만든 요리는 정말 맛있어요.

3 **Q** 엄마는 지금 뭐하셔?

　A 엄마는 지금 쉬고 계셔.

세 번째 작심삼일을 끝낸 당신!
잠시 쉬며 문장을 예쁘게 써 보자!

我学习汉语呢! 난 중국어 공부하지!

我学习汉语呢! 我学习汉语呢!

你是我的爱。 당신은 나의 사랑~

你是我的爱。 你是我的爱。

他是我爱人。 제 남편(아내)이에요.

他是我爱人。 他是我爱人。

가쁜

쉬었다 해
10번 금방이야~~

네 번째 작심삼일

근황

很好，可是有点儿忙。
Hěn hǎo, kěshì yǒudiǎnr máng.
잘 지내지. 근데 좀 바빠.

太平，最近好吗?
Tàipíng, zuìjìn hǎo ma?
태평, 요즘 잘 지내?

취직하고
말거야!!!

근황 토크도 중국어로 가능해요!

중국어 어렵다고 누가 그랬더라? 새 책 냄새도 가시지 않았는데 벌써 근황 토크가 가능해졌어요!
중국어 수다쟁이가 되어 쉬운 중국어를 만끽하며 자신의 근황을 말해 보세요. 상대방의 안부를 묻는 것도 잊지 마시고요!

DAY 1

저는 요즘 잘 지내요

기본 회화로 말해 볼까?

🔊 04-1

A 嘿，太平，最近好吗?
Hēi, Tàipíng, zuìjìn hǎo ma?
Hey, 태평. 요즘 잘 지내?

B 很好，可是有点儿忙。
Hěn hǎo, kěshì yǒudiǎnr máng.
잘 지내지. 근데 좀 바빠.

你呢? 너는?
Nǐ ne?

A 我也是! 나도 그래!
Wǒ yě shì!

*
有点儿 yǒudiǎnr은 주로 불평,
불만을 표현할 때 사용해요.
미간을 찌푸리고 말해 보세요.

**
也 yě는 뒤에 나오는 서술어를
받는 부사이기 때문에 我也 Wǒ
yě까지만 말하면 틀린 문장이 된
다는 것 잊지 마세요!

嘿 hēi 翻 이봐, 어이　　最近 zuìjìn 翻 요즘, 최근　　可是 kěshì 翻 그러나, 하지만
有点儿 yǒudiǎnr 翻 좀, 조금, 약간　　忙 máng 翻 바쁘다　　也 yě 翻 ~도, ~역시

68 네 번째 작심삼일

팩트 & 패턴 체크로 공부해요!

최강 케미!

그 남자 **정도부사**

그 여자 **형용사**

사람이나 사물을 꾸미는 형용사 앞에는 그 정도를 꾸며 주는 '정도부사'가 함께 나와 문장을 부자로 만들어 줘요. 정도부사는 심리활동을 나타내는 동사 앞에도 사용할 수 있어요. 대표적인 정도부사로는 很 hěn이 있고, 그 외 어떤 정도부사가 있는지 알아봐요!

주어 + 很 + 형용사

我很帅。 나는 잘생겼어요.
Wǒ hěn shuài.

我很漂亮。 나는 예뻐요.
Wǒ hěn piàoliang.

我很饿。 나는 배고파요.
Wǒ hě è.

> 정도부사 很의 원래 뜻은 '아주', '매우'이지만, 대개 형용사 앞에 습관처럼 쓰이므로 별도로 해석을 하지 않아도 돼요.

주어 + 정도부사 + 형용사

天气非常好。
Tiānqì fēicháng hǎo.
날씨가 대단히 좋아요.

天气真好。
Tiānqì zhēn hǎo.
날씨가 정말 좋아요.

天气比较好。
Tiānqì bǐjiào hǎo.
날씨가 비교적 좋아요.
(날씨가 좋은 편이에요.)

天气不太好。
Tiānqì bú tài hǎo.
날씨가 그다지 좋지 않아요.

天气真不好。
Tiānqì zhēn bù hǎo.
날씨가 정말 안 좋아요.

天气有点儿不好。
Tiānqì yǒudiǎnr bù hǎo.
날씨가 좀 별로예요.

> 프로불평러 有点儿 yǒudiǎnr은
> 날씨가 약간 좋다고 해서 有点儿好 yǒudiǎnr hǎo라고
> 사용하지 않아요!

帅 shuài 혭 잘생기다　　**漂亮** piàoliang 혭 예쁘다　　**饿** è 혭 배고프다

天气 tiānqi 똉 날씨　　**非常** fēicháng 흕 대단히, 아주　　**真** zhēn 흕 진짜, 정말(로)

比较 bǐjiào 흕 비교적　　**不太** bú tài 흕 그다지, 별로 ～하지 않다

이럴 땐 이렇게 표현해요!

◀ **중국어가 어려운지 묻는 친구에게** - - - - - - - - - - - - - - - - - -

Ⓐ 汉语难不难? 중국어 어려워?
Hànyǔ nán bu nán?

★
긍정과 부정을 나열하여
정반의문문을 만들어요.
'어렵니, 안 어렵니?'의
의문문이 완성되므로 吗
를 붙이지 않아요.

Ⓑ 不太难，真有意思!
Bú tài nán, zhēn yǒuyìsi!
별로 안 어려워. 정말 재미있어!

◀ **연애 1개월 차. 내가 멋지다는 그녀** - - - - - - - - - - - - - - - - - -

Ⓐ 你很帅! 넌 잘생겼어!
Nǐ hěn shuài!

Ⓑ 是吗? 我女朋友真的很漂亮。
Shì ma? Wǒ nǚpéngyou zhēn de hěn piàoliang.
그래? 내 여자친구 진짜 너무 예쁘다.

★★
真的很 zhēn de hěn을
나란히 배치하여 말하면,
강조의 의미를 담을 수
있어요.

◀ **연애 1년 차. TV 속 배우가 정말 멋지다는 그녀** - - - - - - - - - - - - -

Ⓐ 哇～ 他非常非常帅!
Wā~ tā fēicháng fēicháng shuài!
와～ 완전완전 멋있다!

★★★
非常 fēicháng을 반복
해서 말하면, '완전완전',
'진짜진짜'의 느낌을 담
을 수 있어요.

Ⓑ 哼! 帅什么帅!
Hèng! Shuài shénme shuài!
흥! 멋지긴 뭐가 멋져?!

汉语 Hànyǔ 圆 중국어   难 nán 働 어렵다   有意思 yǒuyìsi 働 재미있다
哼 hèng 윕 흥 [불만이나 의심, 아니꼬울 때 내는 소리]

연습 문제로 마무리~

1　다음 밑줄 친 부분을 보기의 단어로 바꿔 다양한 형용사를 익혀 보세요.

A 你<u>忙</u>吗?　바쁘세요?

　　Nǐ máng ma?

B 我很<u>忙</u>。　바빠요.

　　Wǒ hěn máng.

饿 è 배고프다　　渴 kě 목마르다　　累 lèi 피곤하다　　高兴 gāoxìng 기쁘다

네 번째 장나의 장

2　알맞은 의미가 되도록 연결하고, 빈칸을 채워 보세요.

1　중국어는 정말 재미있어요. ●　　　　● ［　　　　］ 好吗?

2　요즘 잘 지내요? ●　　　　　● 可是 ［　　　　］ 忙。

3　근데 좀 바빠요. ●　　　　　● 汉语真 ［　　　　］ 。

3　제시된 단어들을 의미에 맞게 배열해 보세요.

형용사술어문은 우리말 어순과 비슷하니 참고하세요!

표기 금지

1　好 / 非常 / 最近 / 天气　　요즘 날씨가 대단히 좋아요.

2　老师 / 漂亮 / 汉语 / 不太　　중국어 선생님은 별로 안 예뻐요.

3　真的 / 我女儿 / 漂亮 / 很　　우리 딸 정말 이쁘네.

DAY 2 당신근황 어떤가요

기본 회화로 말해 볼까?

:🎧: 04-4

Ⓐ 你最近怎么样?
Nǐ zuìjìn zěnmeyàng?
너 요즘 어떻게 지내?

Ⓑ 不太好!
Bútài hǎo!
별로야!

每天都很累。
Měitiān dōu hěn lèi.
매일이 다 힘들어.

★
안부를 묻는 또 다른 방법이에요.
最近好吗? 요즘 잘 지내?
Zuìjìn hǎo ma?
最近怎么样? 요즘 어때?
Zuìjìn zěnmeyàng?

★★
부사 都 dōu는 '다', '모두 다'의 뜻
으로 뒤에 나오는 서술어를 받아요.
※ 주의: '모두 다'의 뜻이지 '모든'은
아니에요.
韩国人都喜欢他。
Hánguórén dōu xǐhuan tā.
한국인은 다 그를 좋아해.
都韩国人喜欢他。 (X)

怎么样 zěnmeyàng 웹 어떠하다   每天 měitiān 명 매일   都 dōu 뷔 다. 모두 다
累 lèi 웹 피곤하다. 힘들다

72   네 번째 작심삼일

팩트 & 패턴 체크로 공부해요!

이거, 이렇게 하는 거

怎么样 '어떻양?'

'~어때?'의 의미로, 상대방의 생각이나 사물의 상태 등에 대해 물을 수 있어요.

주어 + (술어 + 목적어) + **怎么样?**

这个怎么样?
Zhège zěnmeyàng?
이거 어때요?

你身体怎么样?
Nǐ shēntǐ zěnmeyàng?
당신 건강은 어때요?

我们学汉语，怎么样?
Wǒmen xué Hànyǔ, zěnmeyàng?
우리 중국어 배우는 거 어때?

你来我家，怎么样?
Nǐ lái wǒ jiā, zěnmeyàng?
네가 우리 집에 오는 건 어때?

모두 다 아우르는

都

'다', '모두 다'의 뜻으로 범위를 표현할 수 있어요. 복수 또는 복수의 의미를 포함하는 주어 뒤(서술어 앞)에 사용할 수 있어요.

都 + 동사

我们都是韩国人。
Wǒmen dōu shì Hánguórén.
우리는 다 한국인이에요.

每天都学习汉语。
Měitiān dōu xuéxí Hànyǔ.
매일마다 중국어를 공부해요.

这个 zhège 때 이것   身体 shēntǐ 圀 신체. 건강   家 jiā 圀 집

네 번째 주시아 이유

이럴 땐 이렇게 표현해요!

🔊 **직장인의 업무 안부를 물을 때** --------------------------------

Ⓐ 最近工作怎么样?

Zuìjìn gōngzuò zěnmeyàng?

요즘 업무는 어때요?

Ⓑ 不怎么样, 每天都一样。

Bù zěnmeyàng, měitiān dōu yíyàng.

별로예요. 매일 똑같아요.

> ★
> 怎么样 앞에 부정부사 不만 붙이면, '어떻다 할 게 아니다', '어떻지 않다' 즉, 별로라는 의미를 전할 수 있어요.

🔊 **상대방의 기분을 살피고 싶을 때** --------------------------------

Ⓐ 现在心情怎么样?

Xiànzài xīnqíng zěmeyàng?

지금 기분 어때?

Ⓑ 不错。

Búcuò.

나쁘지 않아.

> ★★
> 부정부사 不와 '틀리다'라는 뜻의 错 cuò가 만나 '틀리지 않다', '나쁘지 않다'는 뜻을 만들었어요. 好가 지겨울 때 꺼내 쓰세요.

🔊 **은근슬쩍 데이트 신청하고 싶을 때** --------------------------------

Ⓐ 我们一起看电影, 怎么样? 우리 같이 영화 보는 거, 어때?

Wǒmen yìqǐ kàn diànyǐng, zěnmeyàng?

Ⓑ 好, 你喜欢什么电影? 좋아. 넌 무슨 영화 좋아해?

Hǎo, nǐ xǐhuan shénme diànyǐng?

一样 yíyàng 🔢 같다. 똑같다   心情 xīnqíng 🔢 마음. 기분   不错 búcuò 🔢 알맞다. 좋다

一起 yìqǐ 🔢 같이. 함께   电影 diànyǐng 🔢 영화

연습 문제로 마무리~

1 **다음 밑줄 친 부분을 보기의 단어로 바꿔 다양한 상황을 묻고 답하세요.**

A 最近<u>身体</u>怎么样?　요즘 건강이 어때요?
Zuìjìn shēntǐ zěnmeyàng?

B 不错。　나쁘지 않아요.
Búcuò.

学习 xuéxí 공부. 학습	天气 tiānqì 날씨	生活 shēnghuó 생활
心情 xīnqíng 기분. 마음	工作 gōngzuò 일. 업무	

2 **대화가 완성되도록 연결하고, 큰소리로 묻고 답해 보세요.**

1 最近怎么样?　　　　　●　　　　●　对不起，最近我很忙。

2 我们一起看电影，　●　　　　　●　很好，
   怎么样?　　　　　　　　　　　　他每天都学习汉语。

3 他的汉语怎么样?　●　　　　　●　不太好，每天都很累。

3 **중국어로 자신의 근황을 전해 보세요.**

 포기 금지

실제 자신의 이야기를 기술하면
학습효과가 훨씬 좋아요!

1 요즘 저는 잘 지내요.

_____

2 지금 기분이 참 좋아요.

_____

3 그런데 업무가 좀 바빠요.

_____

왜때문에 힘든가요

기본 회화로 말해 볼까?

: 🎧 04-7

Ⓐ 你为什么每天喝酒?
Nǐ wèi shénme měitiān hē jiǔ?
넌 왜 매일 술을 마셔?

不苦吗?
Bù kǔ ma?
쓰지도 않니?

> 为什么 wèi shénme는 '왜'의 의미
> 로 为什么 자체가 의문문을 만들기
> 때문에 吗를 붙이지 않아요!

Ⓑ 因为,我的人生很苦。
Yīnwèi, Wǒ de rénshēng hěn kǔ.
왜냐하면 내 인생이 고되서.

所以,酒不太苦。
Suǒyǐ, jiǔ bú tài kǔ.
그래서 술은 별로 안 써.

> 因为 yīnwèi는 '왜냐하면', '~때문
> 에'에 해당하는 접속사예요. 주로
> 为什么에 답할 때 활용해요.

为什么 wèi shénme 때 왜. 어째서   酒 jiǔ 명 술   苦 kǔ 형 쓰다. 고되다. 고생스럽다

因为 yīnwèi 접 왜냐하면   人生 rénshēng 명 인생   所以 suǒyǐ 접 그래서

팩트 & 패턴 체크로 공부해요!

왜 때문에 그래요?

为什么

为什么 wèi shénme는 영어 why에 해당하는 표현으로, '왜', '어째서'의 의미를 가진 의문대사예요. 단독으로도 활용할 수 있고, 원인이 궁금한 모든 것을 물어볼 수 있어요.

为什么 + (동사 + 목적어)

为什么?
Wèi shénme?
왜요?

你为什么学?
Nǐ wèi shénme xué?
당신은 왜 배워요?

你为什么学汉语?
Nǐ wèi shénme xué Hànyǔ?
당신은 왜 중국어를 배워요?

你为什么不学汉语?
Nǐ wèi shénme bù xué Hànyǔ?
당신은 왜 중국어를 안 배워요?

알아 두면 회화가 유창해지는
상용접속사

두 개 이상의 단어나 문장을 연결할 때는 접속사를 활용해요. 내친김에 일기에 도전해 볼게요!

汉语很难，可是很有意思。 중국어는 어렵다. 그러나 재미있다.
Hànyǔ hěn nán, kěshì hěn yǒuyìsi.

所以，我每天学习汉语。 그래서 나는 매일 중국어를 공부한다.
Suǒyǐ, wǒ měitiān xuéxí Hànyǔ.

还有，最近我学英语。 그리고 요즘 나는 영어를 배운다.
Háiyǒu, zuìjìn wǒ xué Yīngyǔ.

因为，我喜欢学外语。 왜냐하면, 난 외국어 배우는 걸 좋아하니까.
Yīnwèi, wǒ xǐhuan xué wàiyǔ.

可是 kěshì 웹 그러나   **还有** háiyǒu 웹 그리고   **英语** Yīngyǔ 엥 영어
外语 wàiyǔ 엥 외국어

이럴 땐 이렇게 표현해요!

🔊 **노코멘트 하고 싶은 질문을 받았다면** - - - - - - - - - - - - - -

Ⓐ 你为什么爱她?
Nǐ wèi shénme ài tā?
너는 왜 그녀를 사랑해?

Ⓑ 不为什么。 그냥.
Bú wèi shénme.

> ★
> 为什么 앞에 부정부사 不만 붙
> 이면, '왜냐고 말할 게 아니다',
> '왜이지 않다.' 즉, '그냥'이라는
> 의미를 전할 수 있어요.

🔊 **지각대장들이 알아 두어야 할 단골 변명** - - - - - - - - - - -

Ⓐ 你为什么每天迟到? 너 왜 만날 지각이야?
Nǐ wèi shénme měitiān chídào?

Ⓑ 因为堵车。 차가 막혀서요.
Yīnwèi dǔchē

🔊 **为什么보다 가볍게 말하고 싶다면** - - - - - - - - - - - -

Ⓐ 你怎么了? 너 왜 그래?
Nǐ zěnme le?

Ⓑ 没什么。
Méi shénme.
아무것도 아니야. (별일 아니야.)

> ★★
> 영어의 what's up과 유사한 어
> 감을 주는 표현으로, '무슨 일이
> 야?', '왜 그래?'의 의미예요.
> 누군가가 평소와 다를 때나 누군
> 가가 나를 부를 때 为什么(why)
> 보다 가볍게 활용할 수 있어요.

迟到 chídào 통 지각하다   堵车 dǔchē 통 차가 밀리다 명 교통체증

연습 문제로 마무리~

1 대화가 완성되도록 연결하고, 큰소리로 묻고 답해 보세요.

① 你为什么学汉语? •   • 因为她真的很漂亮。

② 你为什么喝酒? •   • 因为我的人生很苦。

③ 你为什么喜欢她? •   • 因为我喜欢学外语。

2 보기에서 알맞은 단어를 골라 빈칸을 채우고 해석해 보세요.

> **보기**   所以   可是   还有

他很帅，很高。 ☐ 学习也很好。 ☐ 我们都喜
欢他。 ☐ 他有女朋友。

_____

_____

3 중국어로 자신의 상황에 맞게 질문에 답해 보세요.

잠깐!   중국어 인터뷰가 가능해진 스스로를 칭찬해 주세요.

① Q 你为什么学汉语?

    A _____

② Q 你为什么每天都很忙?

    A _____

高 gāo 📖 높다. 키가 크다

네 번째 작심삼일을 끝낸 당신!
잠시 쉬며 문장을 예쁘게 써 보자!

我有点儿忙。 나 좀 바빠.

我有点儿忙。　我有点儿忙。

你最近怎么样? 너 요즘 어떻게 지내?

你最近怎么样?　你最近怎么样?

我的人生很苦。 내 인생이 고되네.

我的人生很苦。　我的人生很苦。

내가 외국어 공부를 열일곱에 시작했다.

그 나이 때 외국어 시작한 놈들이 백 명이다 치면

지금 나만큼 하는 놈은 나 혼자 뿐이다.

나는 어떻게 여기까지 왔느냐?

3일 공부하고 쉬고,

3일 공부하고 쉬고,

이렇게 10번 했다.

다섯 번째 작심삼일

장소

你在家做什么?
Nǐ zài jiā zuò shénme?
너 집에서 뭐 해?

我在家看电视。
Wǒ zài jiā kàn diànshì.
난 집에서 TV 봐.

여러분의 중국어는 어디까지 와 있나요?
이번 과를 통해 우리는 중국어로 위치를 공유할 수 있게
됩니다.
멀게만 느껴졌던 중국어 길, 어디까지 어떻게 가야 할지
고민해 보며, "빅 보스 통신! 중국어로 응답하라!"

어딜급히 가십니까

 기본 회화로 말해 볼까?

:🎧: 05-1

A 太平，你去哪儿?

Tàipíng, nǐ qù nǎr?

태평아, 너 어디 가?

> ★ 발음이 어렵다면 哪里 nǎli를 사용해도 돼요.

B 我去图书馆，你去不去?

Wǒ qù túshūguǎn, nǐ qù bu qù?

나 도서관 가는데, 너 갈래?

A 我不去。

Wǒ bú qù.

난 안 가.

我回家休息。拜拜!

Wǒ huíjiā xiūxi. Bàibài!

난 집에 가서 쉴래, 빠이~!

> ★★ 자기 집으로 귀가할 때는 回家 huíjiā라고 해요. 이 외에도 (원위치로) 되돌아오거나 갈 때는 回 huí를 활용해요.
>
> 回国 huíguó 귀국하다
> 回去 huíqù 돌아가다

去 qù 통 가다　　图书馆 túshūguǎn 명 도서관　　回家 huíjiā 통 귀가하다

休息 xiūxi 통 쉬다. 휴식하다

팩트 & 패턴 체크로 공부해요!

영어로는 where,
중국어로는

哪儿 '나얼?'

哪儿 nǎr은 영어 where에 해당하는 표현으로, '어디'의 의미를 가진 의문대사예요. 장소를 물을 때 사용하죠. 답변을 할 때는 哪儿 자리에 가려고 하는 장소를 넣어 주세요.

질문 | 주어 + 술어 + **哪儿?**

你去哪儿?
Nǐ qù nǎr?
당신 어디 가세요?

你在哪儿?
Nǐ zài nǎr?
당신 어디 계세요?

답변 | 주어 + 술어 + 장소 。

我去便利店。
Wǒ qù biànlìdiàn.
저 편의점 가요.

我在咖啡厅。
Wǒ zài kāfēitīng.
저 카페에 있어요.

가요, 가니, 가고, 가서

去

去 qù는 '가다'의 의미로 '어딘가에 간다', '무엇을 하러 간다' 등을 표현할 수 있어요.

我去学校。
Wǒ qù xuéxiào.
저는 학교에 가요.

我不去学校。
Wǒ bú qù xuéxiào.
저는 학교에 안 가요.

동사가 여러 개 나와도 당황하지 마세요! 시간의 흐름 눈으로 나열하기만 하면 되니까요!

我去学校见朋友。
Wǒ qù xuéxiào jiàn péngyou.
저는 학교에 가서 친구를 만나요.

我去公司见同事。
Wǒ qù gōngsī jiàn tóngshì.
저는 회사에 가서 동료를 만나요.

在 zài 됨 ~에 있다　　**便利店** biànlìdiàn 명 편의점　　**咖啡厅** kāfēitīng 명 카페
学校 xuéxiào 명 학교　　**公司** gōngsī 명 회사　　**同事** tóngshì 명 동료, 동업자

이럴 땐 이렇게 표현해요!

◀∶ **오다가다 아는 사람을 만났을 때 그냥 묻는 말**

A 你去哪儿? 어디 가?
Nǐ qù nǎr?

B 我去上课！★ 수업 가!
Wǒ qù shàng kè!

★ 수업이 끝나는 건 下课 xià kè!

◀∶ **하루에 한두 번은 꼭 하는 말**

A 我们去哪儿吃饭?
Wǒmen qù nǎr chī fàn?
우리 어디 가서 밥 먹을래?

B 去学校食堂，怎么样?★★
Qù xuéxiào shítáng, zěnmeyàng?
학교식당 가는 거 어때?

★★ 食堂 shítáng은 일반적으로 학교, 회사, 공공기관 등의 구내식당을 의미해요.
일반 음식점을 일컫는 표현으로는 饭馆 fànguǎn, 餐厅 cāntīng 등이 있어요.

◀∶ **哪儿(哪里)을 활용해서 출신지를 묻는 말**

A 你是哪儿人? 어디 사람이에요? (고향이 어디세요?)
Nǐ shì nǎr rén?

B 我是北京人。 저는 베이징 사람이에요.
Wǒ shì Běijīngrén.

上课 shàng kè 图 수업하다　　饭 fàn 图 밥　　食堂 shítáng 图 구내식당
北京人 Běijīngrén 图 베이징 사람

연습 문제로 마무리~

 정답 186쪽

1 다음 밑줄 친 부분을 보기의 단어로 바꿔 다양한 장소를 익혀 봐요.

A 嘿，你去哪儿？ 야, 너 어디 가?
Hēi, nǐ qù nǎr?

B 我去公司。你呢？ 나 회사 가지. 넌?
Wǒ qù gōngsī. Nǐ ne?

补习班 bǔxíbān 학원　　　　图书馆 túshūguǎn 도서관
洗手间 xǐshǒujiān 화장실　　　超市 chāoshì 슈퍼마켓
百货商店 bǎihuòshāngdiàn 백화점　酒吧 jiǔbā Bar, 술집

2 문장을 읽고, '去 / 回' 중 어울리는 동사를 고르세요.

1 明天我男朋友（去 / 回）韩国。
내일 제 남자친구가 한국으로 돌아와요.

2 她（来 / 去 / 回）学汉语。 그녀는 중국어를 배우러 가요.

3 妈妈，我们（去 / 回）家吃饭吗?
엄마, 우리 집에 가서 밥 먹어요?

3 중국어로 작문해 보세요.

자주 가는 곳은 사전을 검색해서 따로 익혀 두세요!

1 우리 엄마는 슈퍼마켓에 가요.

2 저는 집에 가서 쉬어요.

3 저는 학원에 가서 영어를 배워요.

지금어디 계십니까

 기본 회화로 말해 볼까?

: 🎧 : 05-4

A 喂，你在哪儿？
Wéi, nǐ zài nǎr?
여보세요? 너 어디에 있어?

> ★
> 喂 wéi는 '여보세요'에 해당하
> 는 표현이에요. 전화 수신은
> 보통 2성(wéi)으로, 누군가를
> 부를 때는 4성(wèi)으로 해요.
> 친절한 전화 수신 표현으로는
> '喂, 你好'를 추천 드려요.

B 我在家！
Wǒ zài jiā!
집에 있지!

A 你在家做什么？
Nǐ zài jiā zuò shénme?
너 집에서 뭐 해?

B 我在家看电视。
Wǒ zài jiā kàn diànshì.
나 집에서 TV 봐.

喂 wéi/wèi **감탄** 여보세요   在 zài **동** ~에 있다 **개** ~에서   电视 diànshì **명** TV

저 여기 있어요
동사 在

'~에 있다'의 의미를 가진 동사 在 zài로 소재지를 말할 수 있어요.

긍정문

她在这儿。
Tā zài zhèr.
그녀는 여기에 있어요.

他在那儿。
Tā zài nàr.
그는 저기에 있어요.

부정문

她不在这儿。
Tā bú zài zhèr.
그녀는 여기에 없어요.

他不在那儿。
Tā bú zài nàr.
그는 저기에 없어요.

의문문

老师在吗?
Lǎoshī zài ma?
선생님 계신가요?

老师不在吗?
Lǎoshī bú zài ma?
선생님 안 계신가요?

老师在不在?
Lǎoshī zài bu zài?
선생님 계신가요?

老师在哪儿?
Lǎoshī zài nǎr?
선생님 어디 계세요?

전 여기에서 무언가를 해요
개사 在

'~에서'의 의미를 가진 개사 在 zài 뒤에는 장소를 나타내는 명사가 나오고 그 뒤에는 동사가 들어와요.

她在这儿工作。
Tā zài zhèr gōngzuò.
그녀는 여기에서 일해요.

她不在那儿工作。
Tā bú zài nàr gōngzuò.
그녀는 저기에서 일하지 않아요.

A 你在哪儿工作?
Nǐ zài nǎr gōngzuò?
당신은 어디에서 일하세요?

B 我在银行工作。
Wǒ zài yínháng gōngzuo.
저는 은행에서 일해요.

这儿 zhèr 때 여기   那儿 nàr 때 저기, 거기   工作 gōngzuò 통 일하다, 근무하다
银行 yínháng 명 은행

다섯 번째 장소와 존재

이럴 땐 이렇게 표현해요!

: 05-6

🔊 **동사 在를 활용한 전화 걸기**

A **喂，李先生在吗？** 여보세요? 이 선생님 계십니까?
Wéi, Lǐ xiānsheng zài ma?

B **他不在。** (자리에) 안 계세요.
Tā bú zài.

🔊 **개사 在를 활용한 약속 장소 정하기**

A **我们在学校门口见吧。**
Wǒmen zài xuéxiào ménkǒu jiàn ba.
우리 학교 정문에서 만나자.

吧 ba는 문장 끝에 쓰여 '~하
자', '~합시다'의 의미로 청유,
권유 등을 표현해요.

B **好的！** 그래!
Hǎo de!

🔊 **엄마 찬스를 활용한 분실물 찾기**

A **妈，我的手机在哪儿？**
Mā, wǒ de shǒujī zài nǎr?
엄마, 내 휴대폰 어딨어요?

B **我怎么知道？**
Wǒ zěnme zhīdào?
엄마가 어떻게 아니?

知道 zhīdào는 생활 속 활용
빈도가 높아요.
모를 때는 不知道 bù zhīdào!

李 Lǐ 📋 이 씨(姓)　　门口 ménkǒu 📋 입구. 정문　　知道 zhīdào 📋 알다

연습 문제로 마무리~

1 제시된 단어들을 의미에 맞게 배열해 보세요. **포기 금지**

① 在 / 朋友 / 我 / 这儿 / 见   전 여기에서 친구를 만나요.

_____

② 在 / 哪儿 / 的 / 女朋友 / 工作 / 你
당신 여자친구는 어디에서 일해요?

_____

2 대화가 완성되도록 연결하고, 큰소리로 묻고 답해 보세요.

① 我们在哪儿吃饭？　•　　　•　去学校食堂，怎么样？

② 现在你在哪儿？　•　　　•　我在家休息。

③ 你在家做什么？　•　　　•　我在咖啡厅。

3 보기에서 알맞은 단어를 골라 빈칸을 채우고 소리 내어 읽어 보세요.

> **보기**　家　哪儿　那儿　这儿　电视

① 我喜欢在 ☐☐☐ 看 ☐☐☐ 。

저는 집에서 TV 보는 것을 좋아해요.

② Q 李老师在 ☐☐☐ ？　이 선생님 어디 계세요?

A 不在 ☐☐☐ ，她在 ☐☐☐ 工作。

여기 안 계세요, 그녀는 저기서 일해요.

DAY 3

무얼타고 가십니까

🎧: 05-7

기본 회화로 말해 볼까?

A 明天你去王老师的家吗? 내일 너 왕 선생님 댁에 가?
Míngtiān nǐ qù Wáng lǎoshī de jiā ma?

B 你怎么知道? 네가 어떻게 알아?
Nǐ zěnme zhīdào?

怎么 zěnme는 '어떻게'라는
뜻의 의문사로, 怎么 자체가
의문문을 만들기 때문에 吗
를 붙이지 않아요!

你也去吗? 너도 가?
Nǐ yě qù ma?

A 是的，你怎么去? 응, 너 어떻게 가?
Shì de, nǐ zěnme qù?

B 我坐地铁去。 난 지하철 타고 가려고.
Wǒ zuò dìtiě qù.

坐 zuò로 탈 수 있는 교통수
단으로는 公共汽车 gōng-
gòng qìchē 버스, 出租车
chūzūchē 택시, 飞机 fēijī 비
행기 등이 있어요.

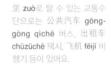

明天 míngtiān 몡 내일　　**怎么** zěnme 때 어떻게. 어째서　　**知道** zhīdào 통 알다
坐 zuò 통 타다. 앉다　　**地铁** dìtiě 몡 지하철

팩트 & 패턴 체크로 공부해요!

怎么样, 怎么了를 아니 이건 더 쉽네요 **怎么**	怎么 zěnme는 영어 how에 해당하는 표현으로, '어떻게, 어째서'의 의미를 가진 의문대사예요. 수단과 방법이 궁금한 것은 물론, 어기를 조정하여 원인이 궁금한 것도 물어볼 수 있어요.

① 수단, 방법이 궁금한

어떻게 **怎么**

这个菜怎么吃?
Zhège cài zěnme chī?
이 음식은 어떻게 먹어요?

这个怎么做?
Zhège zěnme zuò?
이거 어떻게 해요?

你每天怎么去学校?
Nǐ měitiān zěnme qù xuéxiào?
당신은 매일 어떻게 학교 가요?

- -

② 원인이 궁금한

어떻게(어째서) **怎么**

앞뒤 문장의 문맥과 화자의 말투를 통해 의미 구분이 가능해요!

她怎么没有男朋友?
Tā zěnme méiyǒu nánpéngyou?
그녀는 어떻게(어째서) 남자친구가 없죠?

老师怎么不休息?
Lǎoshī zěnme bù xiūxi?
선생님은 어떻게(어째서) 안 쉬나요?

你怎么每天都学习?
Nǐ zěnme měitiān dōu xuéxí?
당신은 어떻게(어째서) 매일 공부를 해요?

这个 zhège 때 이것　　菜 cài 뗑 음식. 요리

이럴 땐 이렇게 표현해요!

怎么로 네이티브 흉내내기

A 这个怎么样?
Zhège zěnmeyàng?
이거 어때?

B 我不知道怎么说。
Wǒ bù zhīdào zěnme shuō.
어떻게 말해야 할지 모르겠네.

*문장 속에 의문사 怎么가 있다고 해서, 무조건 의문문이 되는 것은 아니에요!

怎么로 비즈니스 중국어 맛보기

A 我怎么称呼您?
Wǒ zěnme chēnghu nín?
제가 어떻게 불러드리면 될까요?

B 叫我 '小王' 就好。
Jiào wǒ 'Xiǎo Wáng' jiù hǎo.
'샤오왕'이라 불러 주시면 돼요.

**영어의 What can I call you?에 해당하는 표현이에요. 你叫什么?가 흔하고 뻔하게 느껴질 때, 근사하게 활용해 보세요.

怎么로 친구 마음 떠보기

A 你怎么不喜欢她? 넌 어떻게(어째서) 걔를 안 좋아하니?
Nǐ zěnme bù xǐhuan tā?

B 谁说我不喜欢她? 내가 걔 안 좋아한다고 누가 그래?
Shéi shuō wǒ bù xǐhuan tā?

称呼 chēnghu 동 부르다, 일컫다   就 jiù 부 딱, 곧, 바로

연습 문제로 마무리~

1 다음 밑줄 친 부분을 보기의 단어로 바꿔 다양한 교통수단을 익혀 봐요.

A 你怎么去？ 당신은 어떻게 가세요?
  Nǐ zěnme qù?

B 我坐地铁去。 전 지하철 타고 가요.
  Wǒ zuò dìtiě qù.

公共汽车 gōnggòngqìchē 버스	**飞机** fēijī 비행기
出租车 chūzūchē 택시	**火车** huǒchē 기차

2 대화가 완성되도록 연결하고, 큰소리로 묻고 답해 보세요.

1 怎么每天都学习 •   • 因为汉语很有意思!
   汉语?

2 你怎么去学校? •   • 叫我 '小王' 就好。

3 我怎么称呼您? •   • 我坐公共汽车去。

3 본문 내용을 참고하여 아래 문답을 완성해 보세요.

표기 금지

중국어로 본문 내용을
적을 수 있는 스스로를
칭찬해 주세요.

A 내일 너 선생님 댁에 가니?   _____

B 네가 어떻게 알아? 너도 가?   _____

A 응, 넌 어떻게 가?   _____

B 난 지하철 타고 가.   _____

다섯 번째 작심삼일을 끝낸 당신!
잠시 쉬며 문장을 예쁘게 써 보자!

我去图书馆。 나 도서관 가.

我去图书馆。　　我去图书馆。

我在家看电视。 나 집에서 TV 봐.

我在家看电视。　我在家看电视。

我坐地铁去。 난 지하철 타고 가려고.

我坐地铁去。　　我坐地铁去。

너와 함께 공부한 **3**일이

모두 눈부셨다.

공부가 잘돼서

공부가 잘 안 돼서

공부가 적당해서

모든 날이 좋았다.

누구냐... 넌?

시간

이제 중국어를 공부하는 시간이 여러분에게 자연스러운 일상이 되었나요? 누가, 어디에서, 무엇을, 어떻게, 왜 하는지는 다 배웠으니, '언제'만 익히면 육하원칙도 마스터하게 되네요.

째깍째깍 시간에 맞춰, 뚜벅뚜벅 당당하게 중국어의 길을 걷고 있는 그대! 미래의 당신은 이 시간을 열심히 보낸 오늘의 당신에게 고마워하게 될 거예요.

몇월며칠 무슨요일

DAY 1

팩트 & 패턴 체크 ▶ 날짜, 요일표현

몇시쯤에 만날까요

DAY 2

팩트 & 패턴 체크 ▶ 시간표현

그게대체 언젠가요

DAY 3

팩트 & 패턴 체크 ▶ 什么时候

몇월며칠 무슨요일

기본 회화로 말해 볼까?

🎧 06-1

A 今天几月几号? 星期几?*

Jīntiān jǐ yuè jǐ hào? Xīngqī jǐ?

오늘 몇 월 며칠, 무슨 요일이지?

---

*요일을 말할 때는 星期 xīngqī 외에 周 zhōu, 礼拜 lǐbài를 활용하기도 해요.

월요일: 星期一/周一/礼拜一

토요일: 星期六/周六/礼拜六

B 六月二十五号, 星期四。

Liù yuè èrshíwǔ hào, xīngqīsì.

6월 25일, 목요일.

A 那, 我们几号见?

Nà, wǒmen jǐ hào jiàn?

그럼, 우리 며칠에 만날까?

** 일요일을 표현하는 단어는 더 다양해요.

星期天 xīngqītiān

礼拜天 lǐbàitiān

星期日 xīngqīrì

礼拜日 lǐbàirì

周日 zhōurì (周天 X)

B 二十八号, 星期天见吧!**

Èrshíbā hào, xīngqītiān jiàn ba!

28일, 일요일에 만나자!

토요일 27 　　일요일 28

几 jǐ 때 몇 [주로 10 이하의 수 · 고정된 수를 물을 때 씀]　　月 yuè 圆월　　号 hào 圆일

星期 xīngqī 圆 주, 요일　　那 nà 젭 그러면, 그렇다면　　吧 ba 죄 문장 끝에 쓰여 청유의 어기

팩트 & 패턴 체크로 공부해요!

(쉽고 간단한 **날짜 & 요일** 표현)

---

1 년 숫자를 하나씩 따로 따로 읽어 주고 뒤에 年 nián만 붙이면 끝!

几几年?	一九四五年	二零零二年	二零二一年
jǐ jǐ nián?	yī jiǔ sì wǔ nián	èr líng líng èr nián	èr líng èr yī nián
몇 년?	1945년	2002년	2021년

---

2 월 숫자 뒤에 月 yuè만 붙이면 끝!

几月?	一月	二月	三月	……	十一月	十二月
jǐ yuè?	yī yuè	èr yuè	sān yuè		shíyī yuè	shí'èr yuè
몇 월?	1월	2월	3월		11월	12월

> 서면에는 日 rì를 사용해요.
> 十一日 shíyī rì 11일,
> 二十三日 èrshísān rì 23일

---

3 일 숫자 뒤에 号 hào만 붙이면 끝!

几号?	一号	二号	三号	……	三十号	三十一号
jǐ hào?	yī hào	èr hào	sān hào		sānshí hào	sānshíyī hào
며칠?	1일	2일	3일		30일	31일

---

4 요일 星期 xīngqī 뒤에 숫자 1~6까지 붙여 월요일~토요일을 표현하고,
일요일은 天 tiān, 日 rì를 붙여서 활용하면 끝!

星期几?	星期一	星期二	……	星期六	星期天
xīngqī jǐ?	xīngqīyī	xīngqī'èr		xīngqīliù	xīngqītiān
무슨 요일?	월요일	화요일		토요일	일요일

* 이외 다양한 날짜&요일 관련 표현은 부록 178쪽으로 고고~!

이럴 땐 이렇게 표현해요!

🔊 **几를 활용하여 생일 물어보기** -------------

A 你的生日是几月几号?

Nǐ de shēngrì shì jǐ yuè jǐ hào?

당신의 생일은 몇 월 며칠인가요?

★
생일은 고정되어 있고, 是는 'A
는 B이다'를 표현하므로 불변의
생일을 말할 때는 是을 넣어 줘
야 해요.

B 我的生日是八月八号。

Wǒ de shēngrì shì bā yuè bā hào.

제 생일은 8월 8일이에요.

🔊 **다양한 요일 표현을 활용하여 주말 스케줄 체크하기** -------------

A 你这个周末休息吗?　당신은 이번 주말에 쉬나요?

Nǐ zhège zhōumò xiūxi ma?

B 这礼拜六工作，礼拜天休息。

Zhè lǐbàiliù gōngzuò, lǐbàitiān xiūxi.

이번 토요일은 일하고, 일요일은 쉬어요.

🔊 **익힌 단어들을 몽땅 활용하여 데이트 신청하기** -------------

A 你明天有时间吗?　내일 시간 있어요?

Nǐ míngtiān yǒu shíjiān ma?

B 这个星期没有时间。　이번 주는 시간 없어요.

Zhège xīngqī méiyǒu shíjiān.

我们下星期三见吧。　우리 다음 주 수요일에 만나요.

Wǒmen xià xīngqīsān jiàn ba.

生日 shēngri 📙생일　　周末 zhōumò 📙주말　　时间 shíjiān 📙시간

연습 문제로 마무리~

1 다음 년, 월, 일, 요일을 중국어로 적은 후 큰소리로 읽어 보세요.

1 1919년 3월 1일 토요일 _____

2 1983년 11월 30일 수요일 _____

3 2014년 6월 12일 목요일 _____

4 2021년 1월 29일 금요일 _____

2 다음 달력을 보고 제시된 문장을 중국어로 옮겨 보세요.

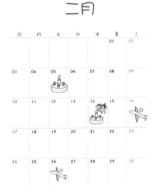

1 제 생일은 2월 5일이에요. _____

2 2월 14일은 제 친구의 생일이에요. _____

3 16일에 저는 중국에 가요. _____

4 26일 목요일에 귀국하죠. _____

3 아래 질문을 소리 내어 읽고, 자신의 상황에 맞게 중국어로 답해 보세요.

1 今天几月几号? 星期几? _____

2 你的生日是几月几号? _____

3 这个星期天你做什么? _____

몇시쯤에 만날까요

;🎧; 06-4

 기본 회화로 말해 볼까?

A 现在几点? 지금 몇 시예요?
Xiànzài jǐ diǎn?

B 一点五十分。 1시 50분이요.
Yī diǎn wǔshí fēn.

A 我们几点出发?
Wǒmen jǐ diǎn chūfā?
우리 몇 시에 출발할까요?

B 两点半，好不好?
Liǎng diǎn bàn, hǎo bu hǎo?
2시 반, 어때요?

*
一 yī의 성조 변화에 주의하세요.
단독으로 사용될 때는 一 yī(1성),
뒤에 4성이 오면 一刻 yíkè(2성),
뒤에 1, 2, 3성이 오면 一天 yìtiān,
一年 yìnián, 一百 yì bǎi(4성)로
발음해요!

**
[(주어)+시간+행동]의 어순으로!
我八点吃早饭。
Wǒ bā diǎn chī zǎofàn.
저는 8시에 아침 먹어요.

晚上七点回家。
Wǎnshang qī diǎn huíjiā.
저녁 7시에 귀가해요.

***
숫자 2가 (양사와 함께) '둘'의 의
미로 사용될 경우엔 两 liǎng으로
읽어야 해요!
两个 liǎng ge 두 개
两个月 liǎng ge yuè 두 달

点 diǎn 명시　分 fēn 명분　出发 chūfā 동출발하다 명출발　两 liǎng 주둘
半 bàn 명반, 절반

팩트 & 패턴 체크로 공부해요!

(날짜, 요일보다 더 쉬운 **시간** 표현)

1 **시**   숫자 뒤에 点 diǎn만 붙이면 끝! (※주의: 2시는 两点 liǎng diǎn)

几点?	一点	两点	三点	⋯⋯	十一点	十二点
jǐ diǎn	yī diǎn	liǎng diǎn	sān diǎn		shíyī diǎn	shí'èr diǎn
몇 시?	1시	2시	3시		11시	12시

- -

2 **분**   숫자 뒤에 分 fēn만 붙이면 끝!

几分?	五分	十分	二十分	⋯⋯	四十分	五十九分
jǐ fēn?	wǔ fēn	shí fēn	èrshí fēn		sìshí fēn	wǔshíjiǔ fēn
몇 분?	5분	10분	20분		40분	59분

- -

3 **반(30분)**   우리말에서 '30분'을 '반'이라고 하는 것과 같아요!

一点半	两点半	三点半	⋯⋯	十一点半	十二点半
yī diǎn bàn	liǎng diǎn bàn	sān diǎn bàn		shíyī diǎn bàn	shí'èr diǎn bàn
1:30	2:30	3:30		11:30	12:30

- -

4 **一刻(15분)**   十五分 shíwǔ fēn은 一刻 yíkè,
四十五分 sìshíwǔ fēn은 三刻 sānkè!

一点一刻	两点一刻	⋯⋯	十一点三刻	十二点三刻
yī diǎn yíkè	liǎng diǎn yíkè		shíyī diǎn sānkè	shí'èr diǎn sānkè
1:15	2:15		11:45	12:45

이럴 땐 이렇게 표현해요!

🔊 **칼 같은 시작 시간** - - - - - - - - - - - - - - -

A **会议几点开始?**
Huìyì jǐ diǎn kāishǐ?
회의는 몇 시에 시작해요?

B **下午三点开始。**
Xiàwǔ sān diǎn kāishǐ.
오후 3시에 시작해요.

★ 시간대 표현을 정리해 볼게요.
▸ 새벽 凌晨 língchén
▸ 아침 早上 zǎoshang
▸ 오전 上午 shàngwǔ
▸ 정오(점심) 中午 zhōngwǔ
▸ 오후 下午 xiàwǔ
▸ 저녁 晚上 wǎnshang

🔊 **확인이 필요한 약속 시간** - - - - - - - - - -

A **我们几点在哪儿见?**
Wǒmen jǐ diǎn zài nǎr jiàn?
우리 몇 시에 어디에서 만날까?

B **四点半在电影院见吧。**
Sì diǎn bàn zài diànyǐngyuàn jiàn ba.
4시 반에 영화관에서 만나자.

★★ 시간 → 장소의 순으로 말해요.

🔊 **의미 없는 퇴근 시간** - - - - - - - - - - - - - - -

A **今天你几点下班?** 오늘 너 몇 시에 퇴근해?
Jīntiān nǐ jǐ diǎn xià bān?

B **老板不下班，我怎么下班?**
Lǎobǎn bú xiàbān, wǒ zěnme xià bān
사장님이 퇴근을 안 하시는데, 내가 어떻게 퇴근해?

会议 huìyì 몡 회의　　**开始** kāishǐ 됭 시작하다　　**电影院** diànyǐngyuàn 몡 영화관
下班 xià bān 됭 퇴근하다　　**老板** lǎobǎn 몡 사장, 보스

연습 문제로 마무리~

1 아래 그림을 보고 태평이의 하루일과를 말해 보세요.

AM 11:00	PM 12:00	PM 2:00	PM 7:00
喝咖啡	吃午饭	运动	学习汉语

2 다음 중 시간 순서대로 알맞게 배열한 것을 고르세요.

1 晚上 – 上午 – 下午 – 早上

2 上午 – 下午 – 早上 – 晚上

3 早上 – 下午 – 上午 – 晚上

4 早上 – 上午 – 下午 – 晚上

3 아래 스케줄을 중국어로 말해 보세요.

1 저는 매일 아침 9시에 일어나요.

_____

2 화요일 저녁 7시에 친구를 만나요.

_____

3 이번 주 일요일 오전 10시에 영화를 봐요.

_____

起床 qǐ chuáng 통 일어나다, 기상하다

DAY 3 그게 대체 언젠가요

🎧 06-7

 기본 회화로 말해 볼까?

A 你什么时候去中国? 당신은 언제 중국에 가요?
Nǐ shénme shíhou qù Zhōngguó?

B 六月三十号，星期二去。 6월 30일, 화요일에 가요.
Liù yuè sānshí hào, xīngqī'èr qù.

A 几点的飞机? 몇 시 비행기예요?
Jǐ diǎn de fēijī?

B 早上八点的飞机。 아침 8시 비행기요.
Zǎoshang bā diǎn de fēijī.

什么时候 shénme shíhou 때 언제　飞机 fēijī 몡 비행기

팩트 & 패턴 체크로 공부해요!

🎧 06-8

영어 when도 네 글자,
중국어 '언제'도 네 글자

什么时候

什么时候 shénme shíhou는 '언제'의 의미로, 앞서 배운 '几'보다 시간, 월, 일, 계절 등 더 넓은 범위를 포함해요. 문장 속에서의 위치는 우리말 어순과 같아요.

---

① '언제'인지 물어볼 때

什么时候

你们什么时候考试?
Nǐmen shénme shíhou kǎoshì?
너희는 언제 시험 봐?

你们公司什么时候最忙?
Nǐmen gōngsī shénme shíhou zuì máng?
당신 회사는 언제 제일 바빠요?

你男朋友什么时候最帅?
Nǐ nánpéngyou shénme shíhou zuì shuài?
네 남자친구는 언제 제일 멋져?

---

② '언제'인지 서술할 때

…的时候

吃饭的时候不看手机。
Chī fàn de shíhou bú kàn shǒujī.
밥 먹을 때, 휴대폰을 보지 않아요.

公司忙的时候,我们不休息。
Gōngsī máng de shíhou, wǒmen bù xiūxi.
회사가 바쁠 때, 우리는 쉬지 않아요.

妈妈年轻的时候真漂亮。
Māma niánqīng de shíhou zhēn piàoliang.
엄마는 젊었을 때, 정말 예뻤어요.

时候 shíhou는 '~일 때' 혹은 '~할 때'의 의미로 동작이나 사건이 발생한 때를 표현해요. '…的时候'의 형태로 활용해요.

考试 kǎoshì 통 시험 보다   最 zuì 부 가장, 제일   年轻 niánqīng 형 젊다

DAY 3 · 그게대체 언젠가요   109

이럴 땐 이렇게 표현해요!

🔊 **언제 중국어 공부를 하시나요?** - - - - - - - - -

Ⓐ 你什么时候上汉语课?

Nǐ shénme shíhou shàng Hànyǔ kè?
언제 중국어 수업해요?

> 上课 shàng kè는 '수업을 하다'의
> 의미예요. 때문에 동사 上 shàng과
> 명사 课 kè 사이에 무슨 수업을 하
> 는지 과목명을 써서 말해요.
> ※ 上课汉语 (x) / 汉语上课 (x)

Ⓑ 星期二晚上7点上课。

Xīngqī'èr wǎnshang qī diǎn shàng kè.
화요일 저녁 7시에 수업해요.

🔊 **대체 언제 저를 만나 주실 건가요?** - - - - - - -

Ⓐ 你什么时候有时间?   언제 시간 돼요?

Nǐ shénme shíhou yǒu shíjiān?

Ⓑ 对不起,最近我们公司很忙。

Duìbuqǐ, zuìjìn wǒmen gōngsī hěn máng.
미안해요. 요즘 회사가 바빠요.

🔊 **그런 날이 오긴 오는 거겠죠?** - - - - - - - -

Ⓐ 你有时间的时候,我们一起看电影吧。

Nǐ yǒu shíjiān de shíhou, wǒmen yìqǐ kàn diànyǐng ba.
너 시간 될 때, 우리 같이 영화 보자.

Ⓑ 好。   좋아.

Hǎo.

上课 shàng kè 🈺 수업을 하다   时间 shíjiān 🈔 시간   一起 yìqǐ 🈯 함께

연습 문제로 마무리~

1 다음 밑줄 친 부분을 보기의 단어로 바꿔 다양한 상용동사를 익혀 봐요.

A 你什么时候**喝酒**? 당신은 언제 술 마셔요?
  Nǐ shénme shíhou hē jiǔ?

B 心情不好的时候。 기분이 좋지 않을 때요.
  Xīnqíng bù hǎo de shíhou.

| 听音乐 tīng yīnyuè 음악을 듣다 | 唱歌 chàng gē 노래 부르다 |
| 做运动 zuò yùndòng 운동하다 | 哭 kū 울다 |

2 보기 속의 단어를 활용하여, 빈칸에 들어갈 알맞은 단어를 쓰세요.

> **보기** 几　　什么时候　　的时候

1 你的生日是 ☐ 月 ☐ 号? 당신의 생일은 몇 월 며칠인가요?

2 我妈妈年轻 ☐ ，很漂亮。

  우리 엄마는 젊었을 때, 예뻤어요.

3 我们 ☐ 上汉语课? 우리 언제 중국어 수업해요?

3 본문 내용을 참고하여 아래 문답을 완성해 보세요. 표기 금지

> 다섯 번째 잔심삼일의 내용을 살짝 보고 오셔도 눈 감아 드릴게요.

A 당신은 언제 중국에 가요?

B 6월 30일, 화요일에 가요.

A 어떻게 가요?

B 비행기를 타고 가요.

여섯 번째 작심삼일을 끝낸 당신!
잠시 쉬며 문장을 예쁘게 써 보자!

星期天见吧! 일요일에 만나자!

星期天见吧! 星期天见吧!

我们几点出发? 우리 몇 시에 출발할까?

我们几点出发? 我们几点出发?

几点的飞机? 몇 시 비행기예요?

几点的飞机? 几点的飞机?

3일이면 괜찮잖아

수량

중국어 숫자 스케일을 키워요!

날짜, 시간 표현을 통해 숫자가 조금 익숙해졌다면, 숫자 스케일을 좀 더 키워 볼까요?
1~10의 숫자 기본기만 탄탄하면 백만, 천만도 끄떡없을 겁니다. 커지는 숫자만큼 중국어 자신감도 키워 보세요.

DAY 1
몇잔이나 마시나요
팩트 & 패턴 체크 ▶ 양사 | 几

DAY 2
전화번호 알려줘요
팩트 & 패턴 체크 ▶ 多少

DAY 3
다합쳐서 얼마예요
팩트 & 패턴 체크 ▶ 큰 숫자 읽기

몇잔이나 마시나요

 기본 회화로 말해 볼까?

🎧 : 07-1

Ⓐ 桌子上都有什么? 책상 위에 다 뭐야?

Zhuōzi shang dōu yǒu shénme?

Ⓑ 一个手机，一杯咖啡，还有两本书。

Yí ge shǒujī, yì bēi kāfēi, háiyǒu liǎng běn shū.

휴대폰 하나, 커피 한 잔, 그리고 책 두 권.

Ⓐ 你每天都喝咖啡吗?

Nǐ měitiān dōu hē kāfēi ma?

넌 매일 커피 마셔?

Ⓑ 是的，一天喝两杯。

Shì de, yìtiān hē liǎng bēi.

응, 하루에 두 잔 마셔.

> ★
> [수사 + 양사 + 명사]의 형식으로 표현해요.
> 휴대폰은 部 bù라는 양사도 있긴 하지만, 초급 과정에서 양사를 모를 때엔 양사의 마스터키! 个 ge를 활용하면 돼요.
> 一 + 个 + 人 = 한 사람

桌子 zhuōzi 몡 책상. 탁자　　上 shang 몡 위　　个 ge 양 개. 명　　杯 bēi 양 잔. 컵

咖啡 kāfēi 몡 커피　　本 běn 양 권　　书 shū 몡 책　　一天 yìtiān 몡 하루

팩트 & 패턴 체크로 공부해요!

숫자와 찰떡궁합 **양사**	명사의 수를 셀 때는 '양사'를 활용해요. [수사/지시대명사 + 양사 + 명사]의 형태로 활용됩니다. 자주 쓰는 양사를 몇 개 익혀 두면 입문 딱지를 떼고 초급으로 도약할 수 있어요.

수사 + 양사 + 명사 / **지시대명사 + 양사 + 명사**

他有两个手机。
Tā yǒu liǎng ge shǒujī.
그는 휴대폰을 2개 가지고 있다.

我也有那个手机。
Wǒ yě yǒu nà ge shǒujī.
나도 그 휴대폰을 가지고 있다.

我每天喝三杯咖啡。
Wǒ měitiān hē sān bēi kāfēi.
나는 매일 커피를 3잔 마셔.

这本书很有意思。
Zhè běn shū hěn yǒuyìsi.
이 책 재미있어요.

10 이하의 적은 숫자나 고정된 숫자를 표현하 **几** '지'	우리말 '몇'의 의미로, 주로 의문문에서 적은 수를 물어볼 때 사용해요. 주기적으로 반복되는 기간(날짜, 시간 등)을 물을 때도 활용할 수 있어요.

你有几个?
Nǐ yǒu jǐ ge?
너 몇 개 가지고 있어?

你几岁?
Nǐ jǐ suì?
너는 몇 살이니?
[어린 친구의 나이를 물을 때]

他们几年级?
Tāmen jǐ niánjí?
그들은 몇 학년이에요?

- 동년배에게 나이를 물어볼 핸
  你多大? 몇 살이세요?
  Nǐ duō dà?
- 어른에게 연세를 여쭐 핸
  您多大年纪? 연세가 어떻게 되세요?
  Nín duō dà niánjì?

* 자주 쓰는 양사들이 궁금하지요? 작심 부록 179쪽으로 고고~!

岁 suì 國 ~살. ~세   年级 niánjí 國 학년   年纪 niánjì 國 연세

🔊 **중국 식당에서 종업원과 당신이 나눌 첫 마디**

Ⓐ 您几位? 몇 분이세요?
Nín jǐ wèi?

Ⓑ 五个人。 5명이요.
Wǔ ge rén.

🔊 **길거리 과일 가게에서 사장님과 나눌 한 마디**

Ⓐ 你要几斤?
Nǐ yào jǐ jīn?
몇 근 필요하세요?

Ⓑ 要一斤。
Yào yì jīn.
한 근이요.

斤 jīn은 근(g)의 의미로 과일, 채소, 고기 등을 구입할 때 알아야 할 표현이에요.

잠깐! 중국에서 한 근은 무조건 500g이에요!

🔊 **이 책을 완독한 당신이 자신 있게 묻게 될 한 마디**

Ⓐ 你一年看几本书?
Nǐ yìnián kàn jǐ běn shū?
일 년에 책을 몇 권이나 봐요?

Ⓑ 一个月看一本书。
Yí ge yuè kàn yì běn shū.
한 달에 한 권 봐요.

一月 yīyuè는 달력을 읽을 때의 1월 (January), 一个月는 1개월의 의미라는 것을 기억하며, 아래 표현도 챙겨 두세요.
一天 yìtiān 하루, 一年 yìnián 일 년,
一个星期 yí ge xīngqī,
一周 yìzhōu 한 주

要 yào 동 원하다, 필요하다　斤 jīn 양 근 [무게 단위]　啤酒 píjiǔ 명 맥주　水 shuǐ 명 물

연습 문제로 마무리~

1 제시된 문장을 중국어로 옮겨 보세요.

1 책상 위에 세 권의 책이 있어요.

---

2 선생님은 매일 한 권의 책을 봐요.

---

3 저는 매일 아침 커피 한 잔을 마셔요. 저는 정말 커피를 좋아해요.

---

2 보기에서 알맞은 양사를 골라 빈칸을 채우고 소리 내어 읽어 보세요.

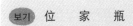

보기 位　家　瓶

1 这 ☐ 咖啡厅的咖啡真好喝。 이 집 커피가 참 맛있어요.

2 你们几 ☐ ？ 몇 분이세요?

3 弟弟喝四 ☐ 啤酒。 남동생은 맥주 네 병을 마셔요.

3 제시된 단어들을 의미에 맞게 배열해 보세요.

포기 금지 중국어 어순을 잘 생각해 보면 쉽게 풀릴 거예요!

1 有 / 我 / 本 / 书 / 一 나는 책 한 권이 있어요.

---

2 喝 / 两 / 他 / 杯 / 水 / 每天 그는 매일 물 두 잔을 마셔요.

전화번호 알려줘요

기본 회화로 말해 볼까?

🎧 : 07-4

A 明天我们去百货商店吧。
Míngtiān wǒmen qù bǎihuòshāngdiàn ba.
내일 우리 백화점 가자.

出发的时候，你给我打电话吧。
Chūfā de shíhou, nǐ gěi wǒ dǎ diànhuà ba.
출발할 때, 나한테 전화해 줘.

개사 给 gěi는 '~에게'의
의미로 [给 + 사람]의 형
태로 사용해요.

B 好，电话号码是多少?
Hǎo, diànhuà hàomǎ shì duōshao?
좋아. 전화번호가 어떻게 돼?

숫자를 나열할 때는 '1'을
一 yī가 아닌 幺 yāo로 말
해요. 그럼 1과 7의 발음
혼돈을 피할 수 있어요.

A 零三幺- 八九零 - 六七零九。
Líng sān yāo - bā jiǔ líng - liù qī líng jiǔ.
031-890-6709.

B 那，明天下午我给你打电话!
Nà, míngtiān xiàwǔ wǒ gěi nǐ dǎ diànhuà!
그럼, 내일 오후에 내가 전화할게!

百货商店 bǎihuòshāngdiàn 몡 백화점　　**出发** chūfā 통 출발하다　　给 gěi 게 ~에게
打电话 dǎ diànhuà 통 전화를 걸다　　电话号码 diànhuà hàomǎ 몡 전화번호
多少 duōshao 때 얼마

한 글자 几는 '몇'

두 글자 **多少**는 '얼마'

几 jǐ가 고정된 수나 10 이하의 적은 수를 물을 때 사용되는 데 반해, 多少 duōshao는 수의 크기에 상관없이 사용해요. 几와 명사 사이에는 양사가 필수이지만 多少는 주로 양사를 생략해요.

你们班有几个学生?
Nǐmen bān yǒu jǐ ge xuésheng?
너희 반은 학생이 몇 명 있어?

你们班有多少学生?
Nǐmen bān yǒu duōshao xuésheng?
너희 반은 학생이 얼마나 있어?

你们每天喝几杯水?
Nǐmen měitiān hē jǐ bēi shuǐ?
너희는 하루에 물을 몇 잔 마셔?

你们每天喝多少水?
Nǐmen měitiān hē duōshao shuǐ?
너희는 하루에 물을 얼마나 마셔?

多少 뒤에 양사를 넣는다고
틀리는 건 아니에요.
多少个学生 (O)

주어 + **是多少**

다양한 번호를 물어보려면 '…是多少?' 패턴을 익혀 두세요.

你的手机号码是多少?
Nǐ de shǒujī hàomǎ shì duōshao?
휴대폰 번호가 어떻게 되세요?

Ⓐ **你的房间号码是多少?**
Nǐ de fángjiān hàomǎ shì duōshao?
방 번호가 어떻게 되세요?

你的护照号码是多少?
Nǐ de hùzhào hàomǎ shì duōshao?
여권 번호가 어떻게 되세요?

Ⓑ **幺五零八号。**
Yāo wǔ líng bā hào.
1508호요.

여행 갔을 때 호텔 도믹을
먹으러 가야 한다! 이때 유용
해요! 답변할 땐, 숫자를 하나씩
나열하면 되요.

班 bān 몡 반, 학급　　**房间** fángjiān 몡 방, 룸　　**护照** hùzhào 몡 여권

세로 쓰는 숫자 관련

이럴 땐 이렇게 표현해요!

🔊 **이 정도는 질문해도 괜찮겠지요?** -

Ⓐ 你们公司有多少职员? 당신 회사는 직원 수가 어떻게 되나요?
Nǐmen gōngsī yǒu duōshao zhíyuán?

Ⓑ 现在有六十个人。 지금 60명 있어요.
Xiànzài yǒu liùshí ge rén.

🔊 **실례가 안 된다면 묻고 싶어요.** -

Ⓐ 你的身高是多少?
Nǐ de shēngāo shì duōshao?
키가 어떻게 되세요?

Ⓑ 一米五八，我不太高。
Yì mǐ wǔ bā, wǒ bú tài gāo.
158이요. 그다지 크지 않아요.

★ 키를 말하는 방법은 아주 간단해요.
1미터(米)를 먼저 말하고, 다음 단위는
한 글자씩 읽어 주세요.
180cm → 1米80 = 一米八(零) yì mǐ bā (líng)
108cm → 1米08 = 一米零八 yì mǐ líng bā

🔊 **사실 제가 제일 궁금한 것은 이거예요!** - - - - - - - - - - - - - - - - - - -

Ⓐ 你的酒量是多少?
Nǐ de jiǔliàng shì duōshao?
당신은 주량이 어떻게 되세요?

Ⓑ 我喝半瓶啤酒，酒量不好。
Wǒ hē bàn píng píjiǔ, jiǔliàng bù hǎo.
맥주 반 병 마셔요. 주량이 세지 않아요.

职员 zhíyuán 圐 직원　　身高 shēngāo 圐 키, 신장　　米 mǐ 窅 미터
酒量 jiǔliàng 圐 주량

연습 문제로 마무리~

1 다음 밑줄 친 부분을 보기의 단어로 바꿔 다양한 수를 묻고 답하세요.

A 你的<u>手机号码</u>是多少? 휴대폰 번호가 어떻게 되세요?
Nǐ de shǒujī hàomǎ shì duōshao?

B 这是<u>秘密</u>。 비밀이에요.
Zhè shì mìmì.

电话号码 diànhuà hàomǎ 전화 번호	**身高** shēngāo 키
房间号码 fángjiān hàomǎ 방 번호	**酒量** jiǔliàng 주량

2 보기에서 알맞은 단어를 골라 빈칸을 채우고 소리 내어 읽어 보세요.

보기 几   多少

1 你们学校有 ☐ 学生? 당신 학교는 학생 수가 어떻게 돼요?

2 我们星期 ☐ 上汉语课?
우리 무슨 요일에 중국어 수업해요?

3 你的学号是 ☐ ? 당신 학번이 어떻게 돼요?

4 你的生日是 ☐ 月 ☐ 号?
당신 생일은 몇 월 며칠이에요?

秘密 mìmì 圀 비밀   学号 xuéhào 圀 학번

DAY 3 다합쳐서 얼마예요

 기본 회화로 말해 볼까?

🎧 07-7

Ⓐ 老板，这个多少钱?
Lǎobǎn, zhège duōshao qián?
사장님, 이거 얼마예요?

가격을 묻는 표현이에요.
낼 돈(钱)이 많을지(多) 적을
지(少) 물어 보세요!

Ⓑ 一百八十八块。
Yìbǎi bāshíbā kuài.
188위안이요.

★★
块 kuài는 구어에 활용되는
화폐 단위로, 표기는 주로 元
yuán으로 해요. 그래서 우리
에게는 위안화가 익숙하죠?

Ⓐ 太贵了，便宜一点儿。
Tài guì le, piányi yìdiǎnr.
너무 비싸요, 좀 싸게 해 주세요.

Ⓑ 好，给我一百五十块吧。
Hǎo, gěi wǒ yìbǎi wǔshí kuài ba.
좋아요. 저한테 150위안만 주세요.

★★★
동사 给 gěi는 '~에게 ~를
주다'의 의미로 [给＋사람＋
사물]의 형태로 사용해요.

老板 lǎobǎn 圆 사장. 주인　钱 qián 圆 돈　百 bǎi 🔢 백. 100　块 kuài 圆 화폐 단위 [구어]
太…了 tài...le 구어 너무 ~하다　便宜 piányi 圆 저렴하다　一点儿 yìdiǎnr 圆 조금

팩트 & 패턴 체크로 공부해요!

(백만, 천만 & 자신만만 큰 숫자 읽기)

> 백 단위까지는 二百와 两百 모두 가능하지만 천 단위부터는 两千, 两万으로 사용해요.

1 **백, 천, 만** 앞에 '一' 붙여 읽기!

一百	一千	一万	……	两百(二百)	两千	两万
yìbǎi	yìqiān	yíwàn		liǎngbǎi(èrbǎi)	liǎngqiān	liǎngwàn
100	1,000	10,000		200	2,000	20,000

---

2 **십의 자리에 1이 있으면** —十 yīshí로 읽기! (※주의: 십의 자리 1은 성조변화 없음!)

三百一十一	一千一百一十	……	一万一千一百一十
sānbǎi yīshíyī	yìqiān yìbǎi yīshí		yíwàn yìqiān yìbǎi yīshí
311	1,110		11,110

---

3 **숫자 가운데 있는 '0'** 반드시 읽기! (※주의: 0이 연달아 오면 한 번만 읽기!)

三百零八	……	一千零一	……	九万一千零八
sānbǎi líng bā		yìqiān líng yī		jiǔwàn yìqiān líng bā
308		1,001		91,008

5분이면 마스터
금액 읽기

중국의 화폐는 人民币 Rénmínbì(인민폐)라고 하며, '¥'로 표시해요. 화폐 단위는 元 yuán, 角 jiǎo이지만, 구어에서는 보통 块 kuài, 毛 máo를 사용해요.

两毛(钱)	七十六块五(毛)	一百三十六块
liǎng máo(qián)	qīshíliù kuài wǔ (máo)	yìbǎi sānshíliù kuài
¥ 0.2	¥ 76.5	¥ 136

* 금액 읽기는 작심 부록 180쪽에서 내용 확인 후 단번에 마스터하세요! 고고!

이럴 땐 이렇게 표현해요!

🔊 **총 금액이 궁금하다면** -

Ⓐ 一共多少钱? 전부 얼마예요?
Yígòng duōshao qián?

Ⓑ 一共三百块钱。 전부 300위안입니다.
Yígòng sānbǎi kuài qián.

🔊 **'흥정의 달인'에 등극하고 싶다면** - - - - - - - - - - - - - - - - - - -

Ⓐ 最低多少钱? 제일 싸게 얼마까지 해 주실 겁니까?
Zuì dī duōshao qián?

Ⓑ 这个不贵，已经很便宜了!
Zhège bú guì, yǐjīng hěn piányi le!
비싼 거 아니에요. 이미 싸게 드리는 거예요!

🔊 **'네이티브'처럼 말하고 싶다면** -

Ⓐ 老板，这个怎么卖?
Lǎobǎn, zhège zěnme mài?
사장님, 이거 어떻게 팔아요? (얼마예요?)

★
怎么卖 zěnme mài는 '어떻게 파나요?'의 의미로, 무게를 달아서 파는 물건에 대한 가격을 물어볼 때 사용해요.

Ⓑ 两块五一斤。
Liǎng kuài wǔ yì jīn.
한 근에 2.5위안이요.

一共 yígòng 🔟 전부　　低 dī 🔟 낮다　　已经 yǐjīng 🔟 이미. 벌써　　卖 mài 🔟 팔다

정답 187쪽

연습 문제로 마무리~

1 아래 금액을 중국어로 읽어 보세요.

¥ 23.5

¥ 5500

¥ 1390

2 아래 대화를 중국어로 옮겨 보고 큰소리로 대화해 보세요.

A 한 권에 얼마예요?

B 한 권에 23.3위안입니다.

A 그럼, 전부 다해서 얼마죠?

B 전부 69.9위안이네요.

3 학습한 흥정 표현을 총동원하여,
저렴한 가격에 물건을 구입해 보세요.

진짜로 치열하게 흥정한다고
생각하고 채워 보세요.

포기 금지

1 사장님~ 이거 어떻게 파세요?

2 너무 비싸요.

3 싸게 해 주세요.

4 제일 싸게 얼마까지 해 주실 거예요?

5 사장님 정말 멋져요. 감사합니다!

일곱 번째 작심삼일을 끝낸 당신!
잠시 쉬며 문장을 예쁘게 써 보자!

一天喝两杯。 하루에 두 잔 마셔.

一天喝两杯。　　一天喝两杯。

给我打电话吧。 나한테 전화해 줘.

给我打电话吧。　　给我打电话吧。

便宜一点儿。 좀 싸게 해 주세요.

便宜一点儿。　　便宜一点儿。

태평이

소속 방파 : 작심파
서열 : 3위

LEVEL UP⁺

'구강신공'을
획득하셨습니다

구강신공

뒤로

확인

여덟 번째 작심삼일

구매

이제 쇼핑도 중국어로 해 볼까요?

배운 중국어가 서 말이라도 써먹어야 보배겠죠? 익혀둔 표현들을 보다 맛있게 활용할 수 있도록 연습해 봅시다! 단어 하나로 끙끙대던 입문 중국어에서 탈출하여, 무언가 하고 싶은 소망의 표현부터, 해야겠다는 의지의 표현까지 익혀 보세요.
Go or Stop? 이 책의 마지막 페이지를 덮는 그 순간까지 응원할게요!!

필요해서 사려고요

기본 회화로 말해 볼까?

:🎧: 08-1

A 欢迎光临! 您要什么?
Huānyíng guānglín! Nín yào shénme?
어서 오세요. 무엇이 필요하세요?

B 我要买一件毛衣。
Wǒ yào mǎi yí jiàn máoyī.
스웨터 한 벌 사려고 해요.

★
양사 件 jiàn은 옷, 사건 등을
셀 수 있어요.
一件衣服 yí jiàn yīfu 옷 한 벌
一件事儿 yí jiàn shìr 일 한 건

A 这件怎么样? 이거 어때요?
Zhè jiàn zěnmeyàng?

★★
A是A, 可是B
(A이긴 한데, B하다)
好吃是好吃, 可是太贵了。
Hǎochī shì hǎochī, kěshì tài
guì le.
맛있긴 한데, 너무 비싸.

B 好看是好看, 可是有点儿大。
Hǎokàn shì hǎokàn, kěshì yǒudiǎnr dà.
예쁘기는 한데, 조금 크네요.

欢迎光临 huānyíng guānglín 관용 어서 오세요
要 yào 통 원하다. 필요하다 조통 ~하려고 하다   毛衣 máoyī 명 스웨터
件 jiàn 양 ~벌 [옷·사건 등을 세는 양사]   好看 hǎokàn 형 보기 좋다. 예쁘다

팩트 & 패턴 체크로 공부해요!

하고 싶은 건 다 할 거

要 '야오'

要 yào는 품사 부자예요. 동사로 사용될 때는 '필요하다', '원하다'라는 뜻이고, 조동사로 쓰일 때는 '~하려 한다', '~해야 한다'의 의미로 해석하며 의지와 결심 또는 계획 등을 표현할 수 있어요.

---

❶ 동사 要

필요하다, 원하다

我要朋友。
Wǒ yào péngyou.
나는 친구가 필요해요.

你要这个吗(你要不要这个)?
Nǐ yào zhège ma(Nǐ yào bu yào zhège)?
당신 이거 필요해요?

---

❷ 조동사 要

~할 거예요, ~하려 해요,
~해야 해요 [의지/당위]

진짜 동사가 따로 있는 문장에서 要는
동사를 돕는 조동사 역할을 해요.

 중국어에서 조동사는 능원동사라고
도 말해요!

你要学汉语。
Nǐ yào xué Hànyǔ.
당신은 중국어를 배워야 해요.

明天你要做什么?
Míngtiān nǐ yào zuò shénme?
내일 뭐 하실 거예요?

---

❸ 부정과 금지의 不要

필요 없어요, ~하지 마세요

不要放香菜。
Búyào fàng xiāngcài.
고수 빼 주세요.

我不要你, 你不要来!
Wǒ búyào nǐ, nǐ búyào lái!
난 너 필요 없어! 너 오지 마!

放 fàng 圄 넣다, 놓다   香菜 xiāngcài 圐 고수

여덟 번째 잔소리용

이럴 땐 이렇게 표현해요!

🔊 **동사 要로 원하는 색상을 골라 보세요.** - - - - - - - - - - - - - -

Ⓐ 您要什么颜色的衣服? 어떤 색의 옷을 원하세요?
Nín yào shénme yánsè de yīfu?

Ⓑ 我要白色的。 흰 것을 원해요.
Wǒ yào báisè de.

🔊 **조동사 要로 멋진 계획을 말해 보세요.** - - - - - - - - - - - - - -

Ⓐ 你什么时候要穿这件衣服? 언제 이 옷을 입을 거예요?
Nǐ shénme shíhou yào chuān zhè jiàn yīfu?

Ⓑ 面试的时候要穿。 면접 볼 때 입을 거예요.
Miànshì de shíhou yào chuān.

🔊 **부정의 不要로 따뜻한 금지의 표현을 전해 보세요.** - - - - - - - - - -

Ⓐ 面试的时候，你不要紧张。 면접 볼 때 긴장하지 말아요.
Miànshì de shíhou, nǐ búyào jǐnzhāng.

Ⓑ 谢谢，你不要担心。 감사해요. 걱정 마세요.
Xièxie, nǐ búyào dānxīn.

颜色 yánsè 🅟 색깔　　白色 báisè 🅟 흰색　　穿 chuān 🅥 입다. 신다
面试 miànshì 🅥 면접을 보다 🅟 면접　　紧张 jǐnzhāng 🅐 긴장하다
担心 dānxīn 🅥 걱정. 염려하다

연습 문제로 마무리~

1 다음 밑줄 친 부분을 보기의 단어로 바꿔 다양한 색을 익혀 봐요.

A 您要什么颜色的? 무슨 색을 원하세요?
Nín yào shénme yánsè de?

B 我要白色的。 흰색 주세요.
Wǒ yào báisè de.

黑色	红色	蓝色	绿色	灰色	粉色
hēisè	hóngsè	lánsè	lǜsè	huīsè	fěnsè
검은색	빨간색	파란색	녹색	회색	분홍색

2 要를 활용하여 제시된 문장을 중국어로 옮겨 보세요.

1 저는 당신의 사랑이 필요해요.

_____

2 내일 저녁에 뭐 하실 거예요?

_____

3 저를 좋아하지 마세요. 전 여자친구가 있어요.

_____

3 제시된 단어들을 활용하여, 알맞게 배열해 보세요. 포기 금지

봉갑한 문장 배열도 척척해 내는 스스로를 칭찬해 주세요!

1 要 / 我 / 买 / 毛衣 / 红色的 전 빨간색 스웨터를 사려고 해요.

_____

2 都 / 不要 / 放 / 我们的菜 / 香菜 우리 요리엔 다 고수 넣지 마세요.

_____

생각나고 사고파요

기본 회화로 말해 볼까?

:🎧 08-4

ⓐ **你想吃什么?** 너 뭐 먹고 싶어?
Nǐ xiǎng chī shénme?

ⓑ **我想吃饺子。你呢?** 난 만두 먹고 싶어. 넌?
Wǒ xiǎng chī jiǎozi. Nǐ ne?

ⓐ **我想吃最贵的饺子!**
Wǒ xiǎng chī zuì guì de jiǎozi.
난 제일 비싼 만두!

> [형용사+的+명사]의 어순으로 사람과 사물을 수식할 수 있어요.
> 好吃的饺子 hǎochī de jiǎozi 맛있는 만두
> 好喝的咖啡 hǎohē de kāfēi 맛있는 커피
> 可爱的朋友 kě'ài de péngyou 귀여운 친구

ⓑ **我妈妈也很喜欢饺子,**
Wǒ māma yě hěn xǐhuan jiǎozi,
우리 엄마도 만두 참 좋아하는데,

今天我很想妈妈。
jīntiān wǒ hěn xiǎng māma.
오늘 진짜 엄마 보고싶다.

想 xiǎng 통 보고싶다. 그립다. 생각하다 조통 ～하고 싶다   饺子 jiǎozi 명 만두
最 zuì 부 가장. 최고   贵 guì 형 비싸다. 비싼

팩트 & 패턴 체크로 공부해요!

생각나고, 보고 싶고,
만나고 싶 **想** '시앙'

두 손 검지를 모아 ☞ 🤞 이렇게 만들어 보세요. 동사 想 xiǎng을 활용해 그립고 보고 싶은 마음을 표현하고, 조동사 想을 활용해 무엇을 하고 싶은지 소망의 표현을 연습해 보세요.

---

❶ 동사 想

생각하다, 보고 싶다, 그립다

Ⓐ **你现在想什么呢?**
Nǐ xiànzài xiǎng shénme ne?
당신 지금 무슨 생각해요?

Ⓑ **我想你呢。**
Wǒ xiǎng nǐ ne.
네 생각하지.

> 별도의 명사가 없을 경우
> '술'을 의미하니 다른 음료가 마시고
> 싶을 때는 꼭 명시해 주세요.
> 想喝牛奶 우유 마시고 싶어
> xiǎng hē niúnǎi
> 想喝茶 차 마시고 싶어
> xiǎng hē chá

---

❷ 조동사 想

~하고 싶다

我想喝一杯。
Wǒ xiǎng hē yì bēi.
저는 (술) 한 잔 마시고 싶어요.

> 跟 gēn은 우리말 '~와(과)'의 뜻으로
> 누구와 무언을 할 때 활용해요.
> [(주어) + 跟 + 대상 + 행동]의 어순이에요.
> 我跟朋友去旅行。 저는 친구와 여행 가요.
> Wǒ gēn péngyou qù lǚxíng.

我想跟你一起看电影。
Wǒ xiǎng gēn nǐ yìqǐ kàn diànyǐng.
저는 당신과 함께 영화를 보고 싶어요.

---

❸ 부정 不想

~하고 싶지 않다, ~하기 싫다

我不想跟你说"再见"。
Wǒ bù xiǎng gēn nǐ shuō "zàijiàn".
당신과 "안녕"이라고 말하고 싶지 않아요.

早上不想起床,晚上不想睡觉。
Zǎoshang bù xiǎng qǐ chuáng, wǎnshang bù xiǎng shuì jiào.
아침엔 일어나기 싫고, 밤엔 자기 싫어요.

跟 gēn 웹 ~와/과   起床 qǐ chuáng 튕 기상하다   睡觉 shuì jiào 튕 잠을 자다

여덟 번째 잔소리

이럴 땐 이렇게 표현해요!

🔊 동사 想으로 그의 마음을 확인해 보세요. -----------

Ⓐ 你想不想我? 나 보고 싶어?
Nǐ xiǎng bu xiǎng wǒ?

Ⓑ 怎么不想你啊! 어떻게 네가 안 보고 싶겠어!
Zěnme bù xiǎng nǐ a!

🔊 조동사 想으로 주말 플랜을 묻고 답해 보세요. -----------

Ⓐ 周末你想做什么? 주말에 뭐하고 싶어?
Zhōumò nǐ xiǎng zuò shénme?

Ⓑ 我想休息。 난 쉬고 싶어.
Wǒ xiǎng xiūxi.

🔊 부정의 不想으로 가끔은 쉬어 가세요. -----------

Ⓐ 我什么都不想做!
Wǒ shénme dōu bù xiǎng zuò!
다 하기 싫어!

Ⓑ 我也是! 什么也不想吃，谁也不想见!
Wǒ yě shì! Shénme yě bù xiǎng chī, shéi yě bù xiǎng jiàn!
나도야! 아무 것도 먹고 싶지 않고, 아무도 만나고 싶지 않아!

啊 a 조 문장의 끝에 쓰여 감탄·찬탄 등의 어기를 나타냄

연습 문제로 마무리~

🔥 정답 187쪽

1 다음 밑줄 친 부분을 보기의 단어로 바꿔 다양한 음식을 묻고 답해 봐요.

A 你想吃什么? 너 뭐 먹고 싶어?
Nǐ xiǎng chī shénme?

B 我想吃饺子。 난 만두 먹고 싶어.
Wǒ xiǎng chī jiǎozi.

北京烤鸭 Běijīng kǎoyā 베이징덕	锅包肉 guōbāoròu 찹쌀탕수육
羊肉串儿 yángròuchuànr 양꼬치	炒饭 chǎofàn 볶음밥
麻辣烫 málàtàng 마라탕	麻辣香锅 málàxiāngguō 마라샹궈
宫保鸡丁 gōngbǎojīdīng 궁바우지딩	火锅 huǒguō 샤브샤브

2 보기에서 알맞은 단어를 골라 빈칸을 채우고 소리 내어 읽어 보세요.

보기 想   要

1 最近我真 ☐ 休息。 요즘 전 정말 쉬고 싶어요.

2 可是我一定 ☐ 工作! 하지만 저는 꼭 일을 해야만 해요!

3 今天真 ☐ 我妈妈。 오늘은 정말 엄마가 보고 싶네요.

4 今天晚上我 ☐ 喝一杯! 오늘 밤엔 한 잔 해야겠어요!

5 今天有面试, 我 ☐ 这件西服。
오늘 면접이 있어서 나는 이 양복이 필요해요.

一定 yídìng 📙반드시, 꼭   西服 xīfú 📙양복

DAY 2 · 생각나고 사고파요   139

DAY 3

선택하고 주문해요

 기본 회화로 말해 볼까?

🎧 08-7

A 你好! 您要点什么?
Nǐ hǎo! Nín yào diǎn shénme?
안녕하세요! 무엇을 주문하시겠어요?

B 我要中杯的冰美式咖啡。
Wǒ yào zhōngbēi de bīng měishì kāfēi.
중간 사이즈 아이스아메리카노요.

> 커피 사이즈를 가리키는 톨,
> 그란데, 벤티는 중국어로 각각
> 小杯, 中杯, 大杯로 간단하게
> 표현해요.
> 그리고 차갑게 드시려면 冰的
> bīng de, 따뜻하게 드시려면
> 热的 rè de를 기억하세요~

A 您带走还是在这儿喝?
Nín dài zǒu háishi zài zhèr hē?
가져 가세요 아니면 여기서 드시고 가세요?

B 我要带走。 가지고 가요.
Wǒ yào dài zǒu.

김칫국 벤티 2잔이요~~

点 diǎn 🈺 주문하다 **冰** bīng 🈺 차가운. 차다 **美式** měishì 🈺 미국식

还是 háishi 🈺 아니면. 또는 **带走** dài zǒu 🈺 가지고 가다 **热** rè 🈺 뜨겁다. 따뜻하다

팩트 & 패턴 체크로 공부해요!

둘 중에서 골라 보세요

还是

접속사 **还是** háishi는 영어 or의 의미로, 선택의문문을 만들어요. 답변을 할 땐, 선택지로 주어진 A와 B에서 선택해도 되고, 제3의 답변을 해도 됩니다. 접속사 **还是**의 **是**는 경성으로 말해요.

🅐 **你要冰的还是热的?**
Nǐ yào bīng de háishi rè de?
차가운 거 원해요 아니면 따뜻한 것 원해요?

🅑 **我要冰的。**
Wǒ yào bīng de.
저는 차가운 거요.

🅐 **你喜欢吃中国菜还是日本菜?**
Nǐ xǐhuan chī Zhōngguócài háishi Rìběncài?
중국 음식 먹는 걸 좋아해요 아니면 일본 음식 먹는 걸 좋아해요?

🅑 **都不喜欢，我喜欢吃韩国菜。**
Dōu bù xǐhuan, wǒ xǐhuan chī Hánguócài.
다 좋아하지 않아요. 저는 한국 음식 먹는 걸 좋아해요.

🅐 **你来还是我去?**
Nǐ lái háishi wǒ qù?
네가 올래 아니면 내가 갈까?

🅑 **你来吧，我有点儿累。**
Nǐ lái ba, wǒ yǒudiǎnr lèi.
네가 와, 나 좀 피곤해.

＊ 이쯤되면 지금까지 배웠던 모든 의문문을 한번 정리해 보고 싶지요?
작심 부록 181쪽에서 의문문 정리!

이럴 땐 이렇게 표현해요!

🔊 08-9

🔈 **还是로 결제방식을 물어보세요.**

Ⓐ 您付现金还是扫码?

Nín fù xiànjīn háishi sǎomǎ?

현금 결제예요 아니면 QR 결제예요?

중국은 QR코드 결제가 가장
일반적이에요. 물론 신용카드
결제가 가능한 곳도 있어요.
신용카드 결제는 刷卡 shuākǎ!

Ⓑ 我要付现金。

Wǒ yào fù xiànjīn.

현금 결제할게요.

🔈 **还是로 남자친구의 마음을 떠보세요.**

Ⓐ 你说，我漂亮还是她漂亮? 말해 봐! 내가 예뻐 쟤가 예뻐?

Nǐ shuō, nǐ ài wǒ háishi tā?

Ⓑ 哎呦，当然是你! 어휴, 당연히 너지!

Āiyōu, dāngrán shì nǐ!

🔈 **还是로 친구의 커피 취향을 물어보세요.**

Ⓐ 你喜欢美式咖啡还是拿铁?

Nǐ xǐhuan měishì kāfēi háishi nátiě?

당신은 아메리카노 좋아해요 라떼 좋아해요?

Ⓑ 我都喜欢。 전 둘 다 좋아요.

Wǒ dōu xǐhuan.

付 fù 🗑지불하다　现金 xiànjīn 🗑현금　扫码 sǎomǎ 🗑QR코드를 식별하다
哎呦 āiyōu 🗑아이고, 어휴　当然 dāngrán 🗑당연히, 물론　拿铁 nátiě 🗑라떼

연습 문제로 마무리~

1 다음 밑줄 친 부분을 보기의 단어로 바꿔 카페 메뉴를 익혀 봐요.

A 您要点什么? 무엇을 주문하시겠어요?
Nín yào diǎn shénme?

B 我要两杯美式咖啡。 아메리카노 두 잔 주세요.
Wǒ yào liǎng bēi měishi kāfēi.

拿铁 nátiě 카페라떼　　卡布奇诺 kǎbùqínuò 카푸치노
摩卡 mókǎ 카페모카　　焦糖玛奇朵 jiāotáng mǎqíduǒ 카라멜마끼아또
奶茶 nǎichá 밀크티　　果汁 guǒzhī 과일 주스

이제 중국에서 음료 한 잔은 주문해 마실 수 있게 된 스스로를 칭찬해 주세요.

2 아래 빈칸을 채우고, 큰소리로 대화를 재연해 보세요. **포기 금지**

A 您要点什么? 무엇을 주문하시겠어요?

B 要一杯 [　　　　　　] 。

아메리카노 한 잔 주세요.

A 热的 [　　　　　　] 冰的?

따뜻한 거 드릴까요, 차가운 거 드릴까요?

B 要 [　　　　　　] 。 차가운 거 주세요.

A 在这儿喝 [　　　　　　] 带走?

여기서 드시나요, 가져가시나요?

B 我要 [　　　　　　] 。 여기서 마실게요.

여덟 번째 작심삼일을 끝낸 당신!
잠시 쉬며 문장을 예쁘게 써 보자!

您要什么? 무엇이 필요하세요?

您要什么?　　　您要什么?

我想吃饺子。 난 만두 먹고 싶어.

我想吃饺子。　　　我想吃饺子。

我要带走。 가지고 가요.

我要带走。　　　我要带走。

스펙

面试结果怎么样?
Miànshì jiéguǒ zěnmeyàng?
면접 결과는 어때?

还可以!
Hái kěyǐ!
그럭저럭 괜찮아!

이제 중국어 배운 티를 좀 내 볼까요?
이번 과를 통해 조동사를 조금만 더 보완하면, 내가 무엇을 할 줄 아는지, 무엇을 할 수 있는지 자신 있고 당당하게 자기자랑이 가능해집니다.
어깨에 힘주고, 목소리 볼륨 높여 중국어 좀 배웠다고 말해 보세요.

중국어 좀 하시나요

🎧: 09-1

기본 회화로 말해 볼까?

A 你会说汉语吗?

Nǐ huì shuō Hànyǔ ma?

넌 중국어 할 줄 알아?

B 我会说一点儿，你呢?

Wǒ huì shuō yìdiǎnr, nǐ ne?

난 조금 할 줄 알아. 넌?

> *
> 一点儿 yìdiǎnr은 개수가 딱 정해지
> 지 않은 수량을 표현할 때 사용해요.
> 买一点儿东西 물건을 조금 사다
> mǎi yìdiǎnr dōngxi

A 我也要学汉语。

Wǒ yě yào xué Hànyǔ.

나도 중국어 배우려고.

下次，我们用汉语说吧!

Xiàcì, wǒmen yòng Hànyǔ shuō ba!

다음 번에 우리 중국어로 얘기하자!

B 好! 我们的明天会更好!

Hǎo! Wǒmen de míngtiān huì gèng hǎo!

좋아! 우리의 내일은 더 근사할 거야!

会 huì 조동 (배워서) ～할 줄 알다. ～일 것이다 [추측]　　下次 xiàcì 명 다음 번

用 yòng 동 사용하다　　更 gèng 부 더욱

팩트 & 패턴 체크로 공부해요!

할 줄 알고, 그럴 것인 **会**	조동사 会 huì는 두 가지 뜻이 있어요. 바로 배움과 경험을 모아 할 줄 아는 会와 이런 저런 데이터가 모여 그럴 가능성이 있는 会예요! 각각 '~할 줄 알다'와 '~일 것이다'의 뜻으로 해석돼요.

---

❶ **'~할 줄 알다'**	배워서 익히고 경험을 쌓아 할 줄 알게 된 경우, 조동사 会로 '할 줄 안다'의 의미를 전해요. 어학, 악기, 스포츠, 요리 등은 물론 술, 담배, 게임, 놀기 등에도 사용할 수 있어요.

她会开车。
Tā huì kāi chē.
그녀는 운전을 할 줄 알아요.

她不会开车。
Tā bú huì kāi chē.
그녀는 운전을 못 해요.

他会做中国菜。
Tā huì zuò Zhōngguócài.
그는 중국 요리를 할 줄 알아요.

他会做中国菜吗?
Tā huì zuò Zhōngguócài ma?

(= 他会不会做中国菜?)
그는 중국 요리를 할 줄 알아요?

---

❷ **'~일 것이다'**	추측을 나타내는 경우, 문장 끝에 的가 짝꿍으로 사용되기도 해요.

妈妈会知道的。
Māma huì zhīdào de.
엄마는 아실 거야.

妈妈不会知道的。
Māma bú huì zhīdào de.
엄마는 모르실 거야.

他会喜欢我。
Tā huì xǐhuan wǒ.
그는 나를 좋아할 거야.

他会喜欢我吗?
Tā huì xǐhuan wǒ ma?

(= 他会不会喜欢我?)
그가 저를 좋아할까요?

开车 kāi chē 🖲 운전하다

이럴 땐 이렇게 표현해요!

🔊 **그녀는 주당이에요.** -

A 她会喝酒吗?
Tā huì hē jiǔ ma?
그녀는 술을 마실 줄 아나요?

B 她很会喝酒。
Tā hěn huì hē jiǔ.
그녀는 술을 아주 잘 마셔요.

★ 很会 hěn huì로 '〜을
아주 잘한다'라는 의미
를 전할 수 있어요.

🔊 **그녀는 분명 좋아할 거예요.** -

A 她会喜欢我的礼物吗? 그녀가 저의 선물을 좋아할까요?
Tā huì xǐhuan wǒ de lǐwù ma?

B 她一定会喜欢的。 분명 좋아할 거예요.
Tā yídìng huì xǐhuan de.

🔊 **우리의 내일은 분명 근사할 거예요!** - - - - - - - - - - - - - - - - - - -

A 我们的明天会好吗?
Wǒmen de míngtiān huì hǎo ma?
우리의 내일은 멋질까?

B 是的! 我们的明天一定会更好的!
Shì de! Wǒmen de míngtiān yídìng huì gèng hǎo de!
그럼! 우리의 내일은 분명 더 좋을 거야!

礼物 lǐwù 🈯 선물　　一定 yídìng 🈯 분명히. 꼭　　更 gèng 🈯 더욱. 더

연습 문제로 마무리~

1 다음 밑줄 친 부분을 보기의 단어로 바꿔 배우고 익혀 할 줄 아는 것들
을 자랑해 봐요.

A 你会打高尔夫球吗? 골프 칠 줄 아세요?
Nǐ huì dǎ gāo'ěrfūqiú ma?

B 会一点儿。 조금 할 줄 알아요.
Huì yìdiǎnr.

做菜 zuò cài 요리하기	开车 kāi chē 운전하기
写汉字 xiě hànzì 한자 쓰기	说英语 shuō Yīngyǔ 영어 말하기
唱歌 chàng gē 노래 부르기	弹钢琴 tán gāngqín 피아노 치기

2 아래 문장을 번역한 후 会가 어떤 의미로 활용되었는지 알아 보세요.

1 你不要等她，她不会来的。

2 我们都会说汉语，所以我们用汉语说。

3 明天天气会好吗? 会不会下雨?

4 他很会穿衣服，真的很帅。

DAY 2 저좀도와 주실래요

 기본 회화로 말해 볼까?

:∩: 09-4

A 太平，你能不能教我汉语?
Tàipíng, nǐ néng bu néng jiāo wǒ Hànyǔ?
태평아, 나 중국어 가르쳐 줄 수 있어?

> ★ 教 jiāo는 목적어를 두 개 갖는 동사예요.
> [教＋누구＋무엇: ～에게 ～을 가르치다]

B 真不好意思。今天不能帮你。
Zhēn bù hǎoyìsi. Jīntiān bù néng bāng nǐ.
정말 미안해. 오늘은 도와줄 수 없어.

我要准备面试。　면접 준비해야 하거든.
Wǒ yào zhǔnbèi miànshì.

A 没关系! 괜찮아!
Méi guānxi!

你好好儿面试! 不要紧张!
Nǐ hǎohāor miànshì! Bú yào jǐnzhāng!
면접 잘 봐. 긴장하지 말고!

> ★★ 동사 앞 好好儿 hǎohāor은 부사로 '잘, 충분히, 마음껏' 등의 의미로 활용해요.
> 好好儿休息 hǎohāor xiūxi 푹 쉬세요
> 好好儿准备 hǎohāor zhǔnbèi 잘 준비하세요

能 néng 조동 ~할 수 있다　　教 jiāo 동 가르치다　　帮 bāng 동 돕다
准备 zhǔnbèi 동 준비하다　　紧张 jǐnzhāng 형 긴장하다

팩트 & 패턴 체크로 공부해요!

조건과 상황이 허락되어 할 수 있	能 néng은 '~할 수 있다', '~할 능력이 있다'의 의미로, 배움과 무관하게 어떤 조건하에 할 수 있는 능력을 나타내는 경우 사용해요. 뒤에 수량을 함께 써서 구체적으로 얼만큼 할 수 있는지 나타내기도 한답니다.
能 '넝'	

긍정문 / 부정문 / 의문문

我现在能去。
Wǒ xiànzài néng qù.
전 지금 갈 수 있어요.

我现在不能去。
Wǒ xiànzài bù néng qù.
전 지금 못 가요.

我能吃辣的。
Wǒ néng chī là de.
전 매운 것을 먹을 수 있어요.

我不能吃辣的。
Wǒ bù néng chī là de.
전 매운 것을 못 먹어요.

你明天能上班吗? (= 你明天能不能上班?)
Nǐ míngtiān néng shàngbān ma?
내일 출근할 수 있어요?

수량과 함께

我能喝两瓶酒。
Wǒ néng hē liǎng píng jiǔ.
저는 술 두 병을 마실 수 있어요.

我能游1500米。
Wǒ néng yóu yìqiān wǔbǎi mǐ.
저는 1,500미터를 헤엄칠 수 있어요.

我能玩儿四个小时。
Wǒ néng wánr sì ge xiǎoshí.
나는 네 시간 동안 놀 수 있어.

他能拿十本书。
Tā néng ná shí běn shū.
그는 책 열 권을 들 수 있다.

* 이쯤 되면 会와 能이 어떻게 다른지 그 차이를 구체적으로 알고 싶어질 거예요.
그렇다면 작심 부록 183쪽을 확인하세요. 고고~!!

辣 là 휑 맵다   游 yóu 통 헤엄치다   米 mǐ 명 미터(m)   拿 ná 통 들다

🔊 **能을 익혀 두면 흥정이 가能해요.**

A 能不能再便宜一点儿？ 더 싸게 해 주실 수 있나요?
Néng bu néng zài piányi yìdiǎnr?

B 不能再便宜，已经很便宜了。
Bù néng zài piányi, yǐjīng hěn piányi le.
더는 안 돼요. 이미 싼 거라고요.

🔊 **能을 알아 두면 예의바르게 전화 걸기도 가能해요.**

A 你现在能接电话吗？ 지금 전화 받을 수 있으신가요?
Nǐ xiànzài néng jiē diànhuà ma?

B 对不起，我现在很忙，明天再打吧。
Duìbuqǐ, wǒ xiànzài hěn máng, míngtiān zài dǎ ba.
죄송해요. 지금은 바쁘니 내일 다시 걸어 주세요.

🔊 **能을 공부하면 중국 여행 중 사진 부탁까지 가能해요.**

A 先生，能帮我拍一张吗？
Xiānsheng, néng bāng wǒ pāi yì zhāng ma?
저기요, (사진) 한 장 찍어 주실 수 있나요？

先生 xiānsheng은 성인 남성을 부르는 말로, 영어의 Mr. '~씨'의 의미예요. 여성을 부를 때는 小姐 xiǎojiějie, 美女 měinǚ 등을 활용해요.

B 好，一二三！ 좋아요. 하나, 둘, 셋!
Hǎo, yī èr sān!

再 zài 📄 다시. 더   接电话 jiē diànhuà 📄 전화를 받다   帮 bāng 📄 돕다. 도와주다
拍 pāi 📄 촬영하다. 사진 찍다   张 zhāng 📄 ~장 [종이·사진·책상 등을 세는 단위]

연습 문제로 마무리~

1 문장을 확장하면서 중국어로 옮겨 보세요.

1 저는 옷을 살 수 있어요. ➡ _____

저는 돈 있어요. 저는 옷 10벌 살 수 있어요.

➡ _____

2 저는 술을 마실 수 없어요. ➡ _____

전 운전해야 해요. 오늘은 술을 마실 수 없어요.

➡ _____

3 저는 당신을 도울 수 있어요. ➡ _____

오늘 저 시간 있어요. 당신을 도울 수 있어요.

➡ _____

2 보기에서 알맞은 단어를 골라 빈칸을 채우고 소리 내어 읽어 보세요.

보기 能 会 能不能 会不会

1 你 ⬚ 给我打电话吗? 너 나한테 전화해 줄 수 있어?

2 我 ⬚ 写汉字。 전 한자를 쓸 줄 알아요.

3 你今天 ⬚ 一起吃饭? 오늘 나랑 같이 밥 먹을 수 있어?

4 你们 ⬚ 开车? 여러분은 운전할 줄 알아요?

 # 돼요돼요 되고말고

 기본 회화로 말해 볼까?

🎧: 09-7

A 现在可以谈谈吗?
Xiànzài kěyǐ tántan ma?
지금 얘기 좀 해도 될까?

동사를 중첩하여 사용하면, 좀 더
자연스럽고 가벼운 의미 전달이
가능해요. '좀 ~하다, 한번 ~해
보다'로 해석하면 돼요.

B 可以, 你想问什么? 가능해. 뭘 묻고 싶은데?
Kěyǐ, nǐ xiǎng wèn shénme?

A 面试结果怎么样? 면접 결과는 어때?
Miànshì jiéguǒ zěnmeyàng?

B 还可以! 그럭저럭 괜찮아!
Hái kěyǐ!

还可以 hái kěyǐ는 '(그럭저럭) 괜찮
다'라는 의미의 관용 표현이에요.

A: 你最近怎么样? 너 요즘 어때?
Nǐ zuìjìn zěnmeyàng?

我觉得, 会有好的结果。
Wǒ juéde, huì yǒu hǎo de jiéguǒ.
내 생각에, 좋은 결과 있을 것 같아.

B: 还可以! 나 그럭저럭 괜찮아!
Hái kěyǐ!

可以 kěyǐ 조동 ~할 수 있다. ~해도 된다　　谈 tán 동 이야기 나누다　　问 wèn 동 묻다
觉得 juéde 동 ~라고 생각하다　　结果 jiéguǒ 명 결과

팩트 & 패턴 체크로 공부해요!

돼요 돼요. 되고 말고요.

可以

'~해도 된다'의 뜻을 가진 **可以** kěyǐ는 허락, 허가를 표현하는 대표적인 조동사예요.

긍정문

'~해도 된다'

你可以回家。
Nǐ kěyǐ huí jiā.
당신은 집에 가도 됩니다.

这儿可以抽烟。
Zhèr kěyǐ chōu yān.
여기에서 담배 피워도 됩니다.

> 我能回家。는 교통수단 등 객관적인 조건으로 귀가가 가능한 것을, 我可以回家。는 사장의 부대 등 주관적 상황이 허락되어 귀가하는 것을 말해요.

부정문

'~하면 안 된다'

你们不可以迟到。
Nǐmen bù kěyǐ chídào.
너희들 지각하면 안 돼.

我不可以吃辣的。
Wǒ bù kěyǐ chī là de.
난 매운 것을 먹으면 안 돼.

> 我不能吃辣的。는 알레르기 반응 등 객관적인 조건으로 인해 먹지 못 하는 것을, 我不可以吃辣的。는 다이어트 등인 다아의 허락이 없어 먹으면 안 되는 것을 나타내요!

의문문

'~해도 될까요?'

A 我们可以休息一天吗?
Wǒmen kěyǐ xiūxi yìtiān ma?
우리 하루 쉬어도 돼?

B 可以。 돼요.
Kěyǐ.

> 답변할 때, 단독으로 사용하는 可以는 'OK'의 의미로 好 hǎo, 行 xíng으로 바꿔 쓸 수 있어요. 부정의 표현을 할 때는 不可以, 不行이라고 해요!

抽烟 chōu yān 통 담배를 피우다

이럴 땐 이렇게 표현해요!

:∩: 09-9

조동사 可以로 고백해도 돼요.

A 我可以喜欢你吗? 제가 당신을 좋아해도 될까요?
Wǒ kěyǐ xǐhuan nǐ ma?

B 对不起，我有女朋友。 죄송해요, 전 여자친구가 있어요.
Duìbuqǐ, wǒ yǒu nǚpéngyou.

조동사 可以로 뭐든 시도해 봐도 돼요.

A 我可以试试吗?
Wǒ kěyǐ shìshi ma?
제가 좀 시도해 봐도 될까요?

B 可以可以。当然可以!
Kěyǐ kěyǐ. Dāngrán kěyǐ!
돼요 돼요, 되고 말고요!

> ★ '시도하다', 'Try 해 보다'의 의미로 본격적인 시작에 앞서 한번 해 볼 때, 옷·신발가게 등에서 입거나 신어 볼 때 활용할 수 있어요.

조동사 可以로 허락되지 못한 상황을 얘기해도 돼요.

A 今天我不可以喝酒。 오늘 저 술 마시면 안 돼요.
Jīntiān wǒ bù kěyǐ hē jiǔ.

B 为什么? 왜요?
Wèi shénme?

A 因为，明天考试。 왜냐하면, 내일 시험이거든요.
Yīnwèi, míngtiān kǎoshi.

试 shì 图 시도하다   考试 kǎoshi 图 시험을 치다 图 시험

158   아홉 번째 작심삼일

연습 문제로 마무리~

1 다음 밑줄 친 부분을 보기의 단어로 바꿔 허락을 구하는 질문을 해 봐요.

A 可以<u>抽烟</u>吗?   담배 피워도 되나요?
   Kěyǐ chōu yān ma?

B 不行。   안 돼요.
   Bù xíng.

> 上网 shàngwǎng 인터넷을 하다   玩手机 wán shǒujī 휴대폰을 하다
> 吃东西 chī dōngxi 음식을 먹다   看电视 kàn diànshì TV를 보다

2 보기에서 알맞은 조동사를 골라 빈칸을 채우고 소리 내어 읽어 보세요.

> **보기**   会   要   可以   能   想

1 最近我 ⬚ 休息休息。

전 요즘 좀 쉬고 싶어요.

2 可是我 ⬚ 学汉语。

하지만, 저는 중국어를 배워야 해요.

3 老板喜欢 ⬚ 说汉语的人。

사장님은 중국어 할 줄 아는 사람을 좋아해요.

4 我不 ⬚ 不工作。

전 일을 안 할 수 없어요.

5 因为我不 ⬚ 休息。

왜냐하면 전 쉬면 안 되거든요.

우흥 번째 작심인일

아홉 번째 작심삼일을 끝낸 당신!
잠시 쉬며 문장을 예쁘게 써 보자!

我也要学汉语。 나도 중국어 배우려고.

我也要学汉语。 我也要学汉语。

我要准备面试。 나 면접 준비해야 해.

我要准备面试。 我要准备面试。

还可以! 그럭저럭 괜찮아!

还可以! 还可以!

아직, 한 번 남았어

변화

我有工作了, 已经两个月了!
Wǒ yǒu gōngzuò le, yǐjing liǎng ge yuè le!
나 취직한 지 벌써 두 달 됐어!

太好了! 恭喜你啊!
Tài hǎo le! Gōngxǐ nǐ a!
너무 잘됐다! 축하해!

달라진 나를 느껴 보세요!

중국어를 시작하고 열 번의 작심삼일을 경험하며, 여러분에게는 어떤 변화가 있었나요?

인생 스펙에 외국어 하나 추가됐다고 대단히 드라마틱 한 변화가 일어나지는 않겠지만, 책 한 권을 끝내고 무려 열 번의 목표 달성을 해낸 당신에게 변화의 문을 여는 단단한 열쇠 하나는 주어졌으리라 생각됩니다.

'루틴의 힘'을 믿고 그 열쇠로 중국어의 문을 열어 조금 더 나아가 보세요. 분명 향긋한 꽃길을 따라 즐거운 변화를 맛보게 될 것입니다.

DAY 1

이런경험 해봤고요

팩트 & 패턴 체크 ▶ 过

DAY 2

밥은먹고 다녔어요

팩트 & 패턴 체크 ▶ 了 (완료)

DAY 3

직장인이 되었어요

팩트 & 패턴 체크 ▶ 了 (변화)

이런경험 해봤고요

기본 회화로 말해 볼까?

:🎧: 10-1

A 你去过北京吗? 너 베이징에 가 본 적 있어?
Nǐ qùguo Běijīng ma?

B 我没去过, 你呢?
Wǒ méi qùguo, nǐ ne?
난 안 가 봤어. 넌?

> *
> '~없다'라는 의미의 没(有) méi(yǒu)는 과거의 어떠한 경험이 없음을 부정할 수 있어요.

A 我去过一次。 난 한번 가 봤어.
Wǒ qùguo yí cì.

　　 小时候, 跟家人一起去的。
Xiǎo shíhou, gēn jiārén yìqǐ qù de.
어릴 때, 가족이랑 같이 간 거야.

B 哇, 你说一下! 北京怎么样?
Wā, nǐ shuō yíxià! Běijīng zěnmeyàng?
우와, 말 좀 해 봐! 베이징 어때?

> **
> 一下 yíxià는 동사 뒤에 놓여 '(어떤 동작을) 좀 해 보다, 한번 해 보다'라는 의미로 说一下는 说说로 바꾸어 말할 수 있어요.
> 等一下 děng yíxià
> 좀 기다리세요
> 试一下 shì yíxià
> 한번 시도해 봐요

2010. 3. 10

过 guo 图 ~한 적 있다 [경험]　　次 cì 閔 번. 차례　　小时候 xiǎo shíhou 閔 어릴 때

家人 jiārén 閔 가족　　一下 yíxià 閔 한번 ~하다

:🎧: 10-2

팩트 & 패턴 체크로 공부해요!

과거에 무엇을 한 경험이 있

过 '꾸오'

동사 뒤 过 guo는 '~한 적 있다'의 의미로, 이미 발생한 일이나 경험을 표현해요. 뒤에 횟수를 동반하는 경우가 있는데, 그때의 어순은 [동사 + 过 + 횟수 + (목적어)]예요!

기본형/부정형

'아직 ~않다'라는 의미의 부사로 동사 앞에 还를 붙일 수 있어요!

我吃过麻辣烫。
Wǒ chīguo málàtàng.
전 마라탕 먹어 본 적 있어요.

爸爸还没去过长城。
Bàba hái méi qùguo Chángchéng.
아빠는 아직 만리장성에 가 본 적이 없어요.

횟수를 수반하는 경우　동사 + 过 + 횟수 + (목적어)

我去过两次。
Wǒ qùguo liǎng cì.
전 두 번 가 봤어요.

妈妈坐过一次飞机。
Māma zuòguo yí cì fēijī.
엄마는 비행기를 한 번 타 봤어요.

几 jǐ는 '몇'의 의미로 几 자체가 수량을 묻는 의문문을 만들기 때문에 吗 ma를 붙이지 않아요.

의문문

A ### 你去过几次长城?
Nǐ qùguo jǐ cì Chángchéng?
만리장성에 몇 번 가 봤어요?

B ### 我去过很多次。
Wǒ qùguo hěn duō cì.
여러 번 가 봤죠.

麻辣烫 málàtàng 명 마라탕　　还 hái 부 아직　　长城 Chángchéng 명 만리장성

DAY 1 · 이런경험 해봤고요　165

이럴 땐 이렇게 표현해요!

🔊 이래서 명절이 싫어요. -

Ⓐ 毕业以后，你要做什么？ 졸업한 후에는 뭐 할 거니?
Bìyè yǐhòu, nǐ yào zuò shénme?

Ⓑ 我还没想过。 아직 생각 안 해 봤는데요.
Wǒ hái méi xiǎngguo.

🔊 이래서 말하기 싫어요. -

Ⓐ 你跟[★]他说[★]过吗？
Nǐ gēn tā shuōguo ma?
너 그 애랑 이야기해 봤어?

Ⓑ 当然说过，可是他都不听。
Dāngrán shuōguo, kěshì tā dōu bù tīng.
당연히 얘기해 봤지, 그런데 안 들어.

[★] '~한테 말하다, ~와 말하다'
라는 의미를 전할 때는 '跟…
说'의 형태로 활용해야 해요.
我跟爸爸说。(O)
Wǒ gēn bàba shuō.
난 아빠와 이야기해요.
我说爸爸(X)
나는 아빠를 말해요.

🔊 이래서 드라마가 싫어요. -

Ⓐ 你爱过我吗？ 날 사랑한 적은 있니?
Nǐ àiguo wǒ ma?

Ⓑ 没有！你走吧！走！ 없어! 가! 가라고!!
Méiyǒu! Nǐ zǒu ba! Zǒu!

你不要再回来！ 다시 돌아오지 마!!
Nǐ bú yào zài huílái!

毕业 bìyè 📖졸업하다   以后 yǐhòu 📖이후   回来 huílái 📖돌아오다

연습 문제로 마무리~

1 다음 밑줄 친 부분을 보기의 단어로 바꿔 다양한 경험에 대해 물어봐요.

A 你去过中国吗？　당신 중국에 가 본 적 있어요?
　　Nǐ qùguo Zhōngguó ma?

B 还没有。　아직이요.
　　Hái méi yǒu.

> 开过车 kāiguo chē 운전해 본 적 있다
> 做过菜 zuòguo cài 요리해 본 적 있다
> 看过音乐剧 kànguo yīnyuèjù 뮤지컬을 본 적 있다
> 喝过白酒 hēguo báijiǔ 백주를 마셔 본 적 있다

2 문장을 확장하면서 중국어로 옮겨 보세요.

① 만나 본 적 있다.　➡

저는 그를 만나 보았어요. 그는 정말 멋져요.

➡

② 사 본 적 있다.　➡

전 중국에서 휴대폰을 사 보았어요.

➡

③ 가 본 적 없다.　➡

저는 어디도 가 본 적이 없어요.

➡

DAY 2

밥은먹고 다녔어요

기본 회화로 말해 볼까?

🎧 : 10-4

Ⓐ 你吃饭了吗?
Nǐ chī fàn le ma?
밥 먹었어?

Ⓑ 我已经吃了。你呢?
Wǒ yǐjīng chī le. Nǐ ne?
이미 먹었지. 넌?

Ⓐ 我刚下课，还没吃。
Wǒ gāng xià kè, hái méi chī.
난 막 수업 끝나서, 아직 못 먹었어.

> 부사 刚 gāng은 행동이나 상황이 일어난 지 오래되지 않음을 표현해요.

你吃什么了?
Nǐ chī shénme le?
넌 뭐 먹었어?

Ⓑ 我吃了一碗炸酱面。
Wǒ chī le yì wǎn zhájiàngmiàn.
난 짜장면 한 그릇 먹었어.

了 le 图 ~했다 [동작의 완료]　　刚 gāng 图 막, 바로　　还 hái 图 아직, 여전히
碗 wǎn 図 그릇 [그릇을 세는 양사]　　炸酱面 zhájiàngmiàn 図 짜장면

팩트 & 패턴 체크로 공부해요!

그 동작은 완료되었어	了 le는 동사나 동사구 뒤에 쓰여 동작이 완료되었음을 나타내요. 중국어는 시제에 따른 동사 변형이 없어 동사 뒤에 了를 데려다 놓으면, 해당 동사가 완료됨을 표현할 수 있어요. 이렇게 동작의 상태를 나타내는 조사를 '동태 조사'라고 해요.
了	

기본형

동사 + 了

他已经走了。
Tā yǐjīng zǒu le.
그는 이미 떠났어요.

목적어가 수식어 없이 단독으로 나오는 경우의 了

동사 + 목적어 + 了
　　　　　　　　了는 문장 맨 뒤

我看书了。
Wǒ kàn shū le.
나는 책을 봤어요.

她买毛衣了。
Tā mǎi máoyī le.
그녀는 스웨터를 샀어요.

목적어가 단순 명사가 아닌 경우의 了

동사 + 了 + …… + 목적어
　　　　了는 반드시 동사 뒤

我看了两本书。
Wǒ kàn le liǎng běn shū.
나는 책을 두 권 봤어요.

她买了一件毛衣。
Tā mǎi le yí jiàn máoyī.
그녀는 스웨터를 한 벌 샀어요.

부정문 | 완료하지 않았으므로 了는 붙이면 안 돼요!

没(有) + 동사

他今天没来。
Tā jīntiān méi lái.
그는 오늘 오지 않았어요.

▶ 동작의 완료 여부를 묻는 의문문에는 ① '……了吗?'의 일반의문문과 ② '……了没有?'의 정반의문문이 있어요.
他今天来了吗? 그는 오늘 왔나요? (= 他今天来了没有?)

이럴 땐 이렇게 표현해요!

🔊 **예약하셨나요?** -

Ⓐ 欢迎光临，您预定了吗？　어서 오세요. 예약하셨어요?
Huānyíng guānglín, nín yùdìng le ma?

Ⓑ 预定了，我叫金太平。　예약했습니다. 김태평입니다.
Yùdìng le, wǒ jiào Jīn Tàipíng.

🔊 **주문하셨나요?** -

Ⓐ 点了没有？　주문하셨어요?
Diǎn le méiyǒu?

Ⓑ 点了一个汉堡包，还有一杯可乐。
Diǎn le yí ge hànbǎobāo, háiyǒu yì bēi kělè.
햄버거 하나랑 콜라 한 잔 주문했어요.

> ★
> '요리를 주문하다'는 표현에는 정식 요리를 주문한다는 '点菜 diǎn cài'가 있고, 패스트푸드점이나 배달앱에서처럼 가벼운 음식을 주문한다는 '点餐 diǎncān'이 있어요. 필요한 표현을 골라 쓰는 재미가 있네요!

🔊 **한 잔 하셨어요?** -

Ⓐ 你喝酒了吧？　당신 술 마셨죠?
Nǐ hē jiǔ le ba?

Ⓑ 没有！最近我不喝酒。
Méiyǒu! Zuìjìn wǒ bù hē jiǔ.
안 마셨어요! 요즘 저 술 안 마셔요.

> ★★
> 의문문에서의 吧 ba는 '~이죠?', '~지?'의 의미로 문장 끝에 쓰여 추측을 나타내요.
> 你是韩国人吗?
> Nǐ shì Hánguórén ma?
> 당신은 한국인이세요?
> 你是韩国人吧?
> Nǐ shì Hánguórén ba?
> 당신은 한국인이시죠?

预定 yùdìng 图 예약하다　　点 diǎn 图 (요리를) 주문하다　　汉堡包 hànbǎobāo 图 햄버거
可乐 kělè 图 콜라

연습 문제로 마무리~

1 다음 문장의 Ⓐ, Ⓑ, Ⓒ, Ⓓ 중 了가 들어갈 알맞은 위치에 체크하세요.

1 妈妈 Ⓐ 吃 Ⓑ 饭 Ⓒ 没有 Ⓓ ？ 엄마 식사하셨어요?

2 没有 Ⓐ ，我喝 Ⓑ 一杯 Ⓒ 咖啡 Ⓓ 。

아니요. 커피 한 잔 마셨어요.

3 Ⓐ 爸爸 Ⓑ 看 Ⓒ 四本书 Ⓓ 。 아빠는 책을 네 권 봤어요.

2 대화를 완성해 보세요.

Ⓐ 他们点菜了吗？ 그들은 요리를 주문했나요?

Ⓑ _____ 。 그들은 이미 주문했어요.

Ⓐ _____ ？ 그들은 음식 몇 개를 주문했나요?

Ⓑ 他们点了三个。 그녀들은 세 개를 주문했어요.

3 아래 문장을 바르게 고쳐 보세요.

쉽다고 무시금지!

1 他吃了没有饭？ 그는 밥을 먹었나요?

_____

2 我还没做作业了。 나는 아직도 숙제를 못했어요.

_____

3 她两件衣服买了。 그녀는 옷을 두 벌 샀어요.

_____

DAY 3

직장인이 되었어요

:🎧: 10-7

기본 회화로 말해 볼까?

Ⓐ 好久不见，你更帅了! 오랜만이야, 더 멋있어졌네!
Hǎojiǔ bújiàn, nǐ gèng shuài le!

有什么好事吗? 뭐 좋은 일 있어?
Yǒu shénme hǎoshì ma?

Ⓑ 有啊! 我有工作了，已经两个月了!
Yǒu a! Wǒ yǒu gōngzuò le, yǐjīng liǎng ge yuè le!
있지! 나 취직한 지 벌써 두 달 됐어!

Ⓐ 太好了! 恭喜你啊! 너무 잘됐다! 축하해!
Tài hǎo le! Gōngxǐ nǐ a!

了 le 조 ~게 되다. ~가 되다 [변화] 好事 hǎoshì 명 좋은 일. 경사
恭喜 gōngxǐ 상용어 축하하다

팩트 & 패턴 체크로 공부해요!

상태 & 상황이 이렇게 변했어요 了	어기조사 了 le는 상황이나 상태의 변화, 동작의 발생, 상황의 출현 등을 나타내요. 어기조사는 문장 끝에서 말하는 사람의 의도, 기분, 뉘앙 스를 담아 '어감'을 살리는 역할을 해요. 어기조사를 잘 사용하면 네이티브 표현에 한 걸음 가까워질 수 있어요.

---------------------------- 기본형 ----------------------------

명사 + 了
〜이/가 되었어요

春天了。
Chūntiān le.
봄이 되었어요.

수량사 + 了
〜이/가 되었어요

今年我三十八岁了。
Jīnnián wǒ sānshíbā suì le.
올해 전 서른여덟 살이 되었어요.

형용사 + 了
〜게 되었어요

我最近胖了。
Wǒ zuìjìn pàng le.
저 요즘 살 쪘어요.

> 조동사가 있는
> 문장도 심경 또는 상황이나
> 조건의 변화를 표현할 수 있어요.
> 我想学汉语了。
> 중국어가 배우고 싶어졌어.
> 我能喝酒了。
> 술 마실 수 있게 되었어.

---------------------------- 활용형 ----------------------------

不 + **동사** + 了
〜않게 되었어요

我不想见你，我不去了!
Wǒ bù xiǎng jiàn nǐ, wǒ bú qù le!
난 널 보고 싶지 않아, 안 갈래!

(没)有 + 了
〜가 생겼어요,
〜가 없어졌어요

我有女朋友了。
Wǒ yǒu nǚpéngyou le.
저 여자친구 생겼어요.

大家都用信用卡，没有现金了。
Dàjiā dōu yòng xìnyòngkǎ, méiyǒu xiànjīn le.
모두가 신용카드를 써서, 현금이 없어졌어요.

春天 chūntiān 명 봄　　胖 pàng 형 뚱뚱하다　　信用卡 xìnyòngkǎ 명 신용카드

이럴 땐 이렇게 표현해요!

〉🎧 10-9

🔊 **일한 지 얼마나 됐어요?**

🅐 你工作几年了?

Nǐ gōngzuò jǐ nián le?
일한 지 몇 년 됐어요?

★ 대체하여 패턴 연습을 해 보세요.
几个月了? 몇 개월 됐어요?
Jǐ ge yuè le?
几个星期了? 몇 주 됐어요?
Jǐ ge xīngqī le?

🅑 两年了, 不想上班了。

Liǎng nián le, bù xiǎng shàng bān le.
2년 됐어요. 출근하기 싫어졌어요.

🔊 **지금은 회사가 싫어졌어요.**

🅐 天天加班的公司、老板、同事们,

Tiāntiān jiā bān de gōngsī、lǎobǎn、tóngshìmen,

我都不喜欢了。 매일 야근하는 회사, 사장, 동료(들)… 난 다 싫어졌어.
wǒ dōu bù xǐhuan le.

🅑 加油, 今天一起喝杯酒吧。 힘 내. 오늘 술이나 한잔하자.

Jiāyóu, jīntiān yìqǐ hē bēi jiǔ ba.

🔊 **퇴근이나 하죠!**

🅐 现在几点了? 지금 몇 시 됐어요?
Xiànzài jǐ diǎn le?

🅑 六点了, 可以下班了! 6시 됐어요. 퇴근할 수 있겠네요!
Liù diǎn le, kěyǐ xià bān le!

天天 tiāntiān 📖 매일. 날마다　　加班 jiā bān 📖 초과 근무하다　　同事 tóngshì 📖 동료

연습 문제로 마무리~

1 다음 밑줄 친 부분을 보기의 단어로 바꿔 교체 연습을 해 보세요.

春天了, 天气暖和了。 봄이 되었어요. 날씨가 따뜻해졌어요.
Chūntiān le, tiānqì nuǎnhuo le.

春天 chūntiān 봄	暖和 nuǎnhuo 따뜻하다
夏天 xiàtiān 여름	热 rè 덥다
秋天 qiūtiān 가을	凉快 liángkuai 시원하다
冬天 dōngtiān 겨울	冷 lěng 춥다

2 마지막 연습 문제네요. 了를 활용하여 중작해 보세요.

포기하지 않은
당신을 존경해요!!

① 올해 1월, 저는 이 책을 샀어요.

② 벌써 3개월이 되었네요.

③ 전 너무 기뻐요. 여러분은 어떤가요?

④ 이제 저는 중국어를 할 줄 안다고 말할 수 있어요!

信心 xìnxīn 圆 자신, 확신

열 번째 작심삼일을 끝낸 당신!
잠시 쉬며 문장을 예쁘게 써 보자!

你去过北京吗? 너 베이징에 가 본 적 있어?

你去过北京吗?　　你去过北京吗?

你吃饭了吗? 밥 먹었어?

你吃饭了吗?　　你吃饭了吗?

我有工作了! 나 취직했어!

我有工作了!　　我有工作了!

나는 했지~ 작심

공부 했지~ 3일

10번 했지~ The end~!!!

기초 회화에 꼭꼭꼭! 필요한

작심 특별 부록

★ 중국어 시간 표현 마스터

여섯 번째 작심삼일 DAY 1 - 101쪽

	과거		현재	미래	
일	前天 qiántiān 그저께	昨天 zuótiān 어제	今天 jīntiān 오늘	明天 míngtiān 내일	后天 hòutiān 모레
주	上上(个)星期 shàngshàng(ge) xīngqī 지지난주	上(个)星期 shàng(ge) xīngqī 지난주	这(个)星期 zhè(ge) xīngqī 이번주	下(个)星期 xià(ge) xīngqī 다음주	下下(个)星期 xiàxià(ge) xīngqī 다다음주
월	上上个月 shàngshàng ge yuè 지지난달	上个月 shàng ge yuè 지난달	这个月 zhège yuè 이번 달	下个月 xià ge yuè 다음 달	下下个月 xiàxià ge yuè 다다음 달
년	前年 qiánnián 재작년	去年 qùnián 작년	今年 jīnnián 올해	明年 míngnián 내년	后年 hòunián 후년

★ 자주 쓰는 양사 마스터

个 ge — 개. 명
[사람·사물을 세는 기본 양사]

一个男人 yí ge nánrén 남자 한 명
这个男人 zhè ge nánrén 이 남자

位 wèi — 분
[사람을 세는 양사, 존칭의 의미]

一位老师 yí wèi lǎoshī 선생님 한 분
这位老师 zhè wèi lǎoshī 이 선생님

本 běn — 권
[도서·노트를 세는 양사]

一本书 yì běn shū 책 한 권
这本书 zhè běn shū 이 책 한 권

杯 bēi — 잔
[잔·컵을 세는 양사]

一杯酒 yì bēi jiǔ 술 한 잔
这杯酒 zhè bēi jiǔ 이 술 한 잔

瓶 píng — 병
[병을 세는 양사]

一瓶水 yì píng shuǐ 물 한 병
那瓶水 nà píng shuǐ 저 물 한 병

家 jiā — 채
[집·점포·상점 등을 세는 양사]

一家咖啡厅 yì jiā kāfēitīng 커피숍 한 집
那家咖啡厅 nà jiā kāfēitīng 그 커피숍

辆 liàng — 대
[자동차·자전거 등을 세는 양사]

一辆出租车 yí liàng chūzūchē 택시 한 대
那辆出租车 nà liàng chūzūchē 그 택시

把 bǎ — 개
[자루가 있는 기구에 쓰임]

一把刀 yì bǎ dāo 칼 한 자루
这把椅子 zhè bǎ yǐzi 저 의자 한 개

张 zhāng — 장
[종이나 침대를 세는 양사]

一张纸 yì zhāng zhǐ 종이 한 장
那张床 nà zhāng chuáng 저 침대 한 개

件 jiàn — 벌. 건
[옷이나 사건을 세는 양사]

一件衣服 yí jiàn yīfú 옷 한 벌
这件事儿 zhè jiàn shìr 이 사건 하나

★ 금액 읽기 마스터   **일곱 번째 작심삼일 DAY3 - 125쪽**

금액에서 마지막 단위는
생략이 가능해요.

¥54.3 ➡ 五十四块三(毛)
      wǔshísì kuài sān(máo)

元(块)   角(毛)

단위 끝에 钱 qián을
덧붙이는 건 중국인들의
습관이에요.

¥0.8

八毛(钱)
bā máo(qián)

¥2.5

两块五(毛)
liǎng kuài wǔ(máo)

¥30

三十块(钱)
sānshí kuài(qián)

¥46.3

四十六块三(毛)
sìshíliù kuài sān(máo)

¥150

一百五十块
yìbǎi wǔshí kuài

¥105

一百零五块
yìbǎi líng wǔ kuài

중간 단위에 있는 0은 꼭 읽어 주세요.
단, 0이 연달아 올 때는 하나만 읽어요.
1,005 一千零五块

★ 8가지 의문문 마스터

여덟 번째 작심삼일 DAY3 - 141쪽

1 의문부사 吗를 활용한 일반의문문

你学汉语吗? 너 중국어 공부하니?
Nǐ xué Hànyǔ ma?

汉语难吗? 중국어 어려워?
Hànyǔ nán ma?

2 의문대사(什么, 什么时候, 为什么, 怎么, 哪儿, 谁)를 활용한 특수의문문

最近你学什么? 요즘 너 뭐 공부해?
Zuìjìn nǐ xué shénme?

什么时候上课? 언제 수업해?
Shénme shíhou shàng kè?

为什么学? 왜 공부해?
Wèi shénme xué?

怎么学? 어떻게 공부해?
Zěnme xué?

在哪儿上课? 어디에서 수업해?
Zài nǎr shàng kè?

谁教汉语? 누가 중국어를 가르쳐 줘?
Shéi jiāo Hànyǔ?

3 정으로 한 번, 반으로 한 번 정반의문문

汉语难不难? 중국어 어려워 안 어려워?
Hànyǔ nán bu nán?

你喜欢不喜欢? 너 좋아 안 좋아?
Nǐ xǐhuan bu xǐhuan?

4 几, 多少를 활용한 수량의문문

你有几本汉语书? 너 중국어 책 몇 권 있어?
Nǐ yǒu jǐ běn Hànyǔ shū?

那本书多少钱? 저 책은 얼마야?
Nà běn shū duōshao qián?

5 呢를 활용한 생략의문문

英语呢? 영어는?
Yīngyǔ ne?

英语书呢? 영어책은?
Yīngyǔ shū ne?

6 还是을 활용한 선택의문문

你学汉语还是英语? 너 중국어 공부해 아니면 영어 공부해?
Nǐ xué Hànyǔ háishi Yīngyǔ?

你喜欢汉语还是英语? 너 중국어 좋아해 아니면 영어 좋아해?
Nǐ xǐhuān Hànyǔ háishi Yīngyǔ?

汉语╱? 중국어?
Hànyǔ?

英语╱? 영어?
Yīngyǔ?

您贵姓? 존함이 어떻게 되세요?
Nín guì xìng?

您贵庚? 연세가 어떻게 되세요?
Nín guì gēng?

★ 한 눈에 비교해 보는   아홉 번째 작심삼일 DAY2 - 153쪽

会	能
我会喝酒。 Wǒ huì hē jiǔ. 저 (술을 배웠고, 마시다 보니 늘어서) 술 마실 줄 알아요.	我能喝酒。 Wǒ néng hē jiǔ. 저 (만19세 이상이고, 내일 특별한 일도 없어서) 술 마실 수 있어요.
我不会写字。 Wǒ bú huì xiě zì. 저는 (글을 배우지 못해서) 글자를 쓸 줄 몰라요.	我不能写字。 Wǒ bù néng xiě zì. 저는 (신체적 조건, 주변 환경 등이 허락되지 않아) 글자를 쓸 수 없어요.

첫 번째 작심삼일
인사

DAY 1 인사하고 인싸되기 …… 23

1 1 早! 2 你好!

2 1 大家好!
 2 幸会幸会!
 3 好久不见!
 4 新年快乐!

3 1 大家好!
 2 幸会幸会!
 3 请多多关照!

DAY 2 감사부터 사과까지 …… 27

1 1 不客气! 2 没关系!

2 1 谢谢, 非常感谢
 2 不客气, 不谢, 不用谢 别客气

3 1 我 2 你
 3 我们 4 你们
 5 他 6 她
 7 他们 8 她们
 9 老师 10 老师们

DAY 3 특별하게 작별하기 …… 31

1 1 慢走! 2 下次见!

2 1 保重! 2 欢迎再来!
 3 明天见! 4 拜拜!

3 1 朋友们, 我们下次见。

 2 保重!
 3 再见, 慢走!

두 번째 작심삼일
소개

DAY 1 아름다운 나의이름 …… 39

2 1 是的。 2 她叫王怡。
 3 我姓王。

3 1 大家好! /你好!
 2 我叫***。
 3 我是韩国人。

DAY 2 무엇일까 너의직업 …… 43

2 1 你现在工作吗?
 2 你做什么工作?
 3 你现在做什么?

3 1 大家好! /你好!
 2 我叫***。
 3 我是***。

DAY 3 내가가진 너란존재 …… 47

2 1 你有没有女朋友?
 2 你呢?
 3 我也没有。

3 1 你有男(女)朋友吗?
 2 我没有男(女)朋友。
 3 我是单身。

3 因为她真的很漂亮。

2 还有 / 所以 / 可是

3 1 因为我喜欢吃中国菜。
　　2 因为我工作很忙。

3 A 明天你去老师的家吗?
　　B 你怎么知道? 你也去吗?
　　A 是的,你怎么去?
　　B 我坐地铁去。

다섯 번째 작심삼일
장소

DAY 1 어딜급히 가십니까 ···· 87

2 1 回　　2 去　　3 回

3 1 我妈妈去超市。
　　2 我回家休息。
　　3 我去补习班学英语。

DAY 2 지금어디 계십니까 ···· 91

1 1 我在这儿见朋友。
　　2 你的女朋友在哪儿工作?

2 1 去学校食堂,怎么样?
　　2 我在咖啡厅。
　　3 我在家休息。

3 1 家 / 电视
　　2 Q 哪儿　　A 这儿 / 那儿

DAY 3 무얼타고 가십니까 ···· 95

2 1 因为汉语很有意思!
　　2 我坐公共汽车去。
　　3 叫我‘小王’就好。

여섯 번째 작심삼일
시간

DAY 1 몇월며칠 무슨요일 ···· 103

1 1 一九一九年三月一号(日)
　　　星期六
　　2 一九八三年十一月三十号(日)
　　　星期三
　　3 二零一四年六月十二号(日)
　　　星期四
　　4 二零二一年一月二十九号(日)
　　　星期五

2 1 我的生日是二月五号。
　　2 二月十四号是我朋友的生
　　　日。
　　3 十六号我去中国。
　　4 二十六号星期四回国吧。

DAY 2 몇시쯤에 만날까요 ···· 107

1 民国上午十一点喝咖啡,中午
　十二点吃午饭,下午两点运
　动,晚上七点学习汉语。

2 ④

3 1 我每天早上9点起床。
　　2 星期二晚上7点见朋友。

DAY 3 **선택하고 주문해요** … 143

2 美式咖啡 / 还是 / 冰的 / 还是 / 在这儿喝

아홉 번째 작심삼일
스펙

DAY 1 **중국어좀 하시나요** … 151

2 **1** 너 그녀를 기다리지 마, 그녀는 오지 않을 거야. [추측]

2 우리는 모두 중국어를 할 줄 알기 때문에 우리는 중국어로 말한다. [능력]

3 내일 날씨가 좋을까요? 비가 올까요? [추측]

4 그는 옷을 잘 입어요. 정말 멋있어요. [능력]

DAY 2 **저좀도와 주실래요** … 155

1 **1** 我能买衣服。
我有钱。我能买10件衣服。

2 我不能喝酒。
我要开车。今天不能喝酒。

3 我能帮你。
今天我有时间。能帮你。

2 **1** 能 **2** 会
3 能不能 **4** 会不会

DAY 3 **돼요돼요 되고말고** … 159

2 **1** 想 **2** 要 **3** 会

4 能 **5** 可以

열 번째 작심삼일
변화

DAY 1 **이런경험 해봤고요** … 167

2 **1** 见过。
我见过他。他真的很帅。

2 买过。
我在中国买过手机。

3 没去过。
我哪儿都没去过。

DAY 2 **밥은먹고 다녔어요** … 171

1 **1** C **2** B **3** C

2 他们已经点菜了。/ 他们点了几个菜?

3 **1** 他吃饭了没有?

2 我还没做作业。

3 她买了两件衣服。

DAY 3 **직장인이 되었어요** … 175

2 **1** 今年一月，我买了这本书。

2 已经三个月了。

3 我太高兴了。你们怎么样?

4 现在我可以说我会说汉语了!

memo

'웃음'을 그리는 일러스트레이터 가오.
'태평이' 캐릭터로 다양한 그림을 그리고 있으며
기업 마케팅, 그라폴리오 연재, 출판 등의 작업을 하고 있습니다.

grafolio.naver.com/xplusmedia
www.instagram.com/gaotoon/

작심**3**일 **10**번으로 **중국어** 끝내기

초판인쇄	2020년 12월 20일
초판발행	2021년 1월 2일
저자	배정현, 최지은
책임편집	최미진, 가석빈, 高霞
펴낸이	엄태상
디자인	권진희
조판	이서영
콘텐츠 제작	김선웅, 전진우, 김담이
마케팅	이승욱, 전한나, 왕성석, 노원준, 조인선, 조성민
경영기획	마정인, 최성훈, 정다운, 김다미, 전태준, 오희연
물류	정종진, 윤덕현, 양희은, 신승진
펴낸곳	시사중국어사(시사북스)
주소	서울시 종로구 자하문로 300 시사빌딩
주문 및 교재문의	1588-1582
팩스	0502-989-9592
홈페이지	http://www.sisabooks.com
이메일	book_chinese@sisadream.com
등록일자	1988년 2월 13일
등록번호	제1 - 657호

ISBN 979-11-5720-180-8 13720

상   장

작심삼일 상   이름 :_____

위 사람은 매번 실패하는 사람들의
모범이 되어 작심삼일을 열 번이나
해냈으므로 이 상장을 수여합니다.

년   월   일

작심삼일 편집위원회

작심3일 10번의 여정을 마친 스스로를 아낌없이 칭찬하세요!
점선을 따라 오려 나에게 상장을 수여해 보세요.